国家级职业教育规划教材

全国中等职业技术学校饭店服务专业教材

GUOJIAJI ZHIYEJIAOYU GUIHUA JIAOCAI

董韵捷 主编

（第四版）

# 饭店服务心理

人力资源社会保障部教材办公室 组织编写

中国劳动社会保障出版社

## 简介

本教材介绍了饭店服务心理学基础知识，详细阐述了前厅服务心理分析与待客策略、客房服务心理分析与待客策略、餐厅服务心理分析与待客策略，讲解了饭店顾客投诉心理及处理策略，并介绍了饭店服务人员心理健康管理的有效方法。教材引用大量工作案例，实用易学、文字简练、表现形式丰富，适于中等职业技术学校教学使用。

本教材由董韵捷主编，李娉婷参加编写。

**图书在版编目（CIP）数据**

饭店服务心理 / 董韵捷主编. —4版. —北京：中国劳动社会保障出版社，2016
全国中等职业技术学校饭店服务专业教材
ISBN 978-7-5167-2549-8

Ⅰ. ①饭…　Ⅱ. ①董…　Ⅲ. ①饭店 – 商业心理学 – 中等专业学校 – 教材
Ⅳ. ①F719.2

中国版本图书馆CIP数据核字（2016）第129310号

**中国劳动社会保障出版社出版发行**
（北京市惠新东街 1 号　邮政编码：100029）
*
河北宝昌佳彩印刷有限公司印刷装订　新华书店经销
787 毫米 ×1092 毫米　16 开本　6.75 印张　112 千字
2016 年 6 月第 4 版　2025 年 5 月第 12 次印刷
**定价：14.00 元**

营销中心电话：400-606-6496
出版社网址：http://www.class.com.cn
http://jg.class.com.cn

# Preface 前言

全国中等职业技术学校饭店服务专业教材自出版至今已有二十年，在此期间，我们密切关注行业的发展以及职业学校教学需求的变化，先后对教材进行了两次修订和增补开发，使得教材内容不断更新，体系逐步完善。

在新一轮的教材修订工作中，我们收集饭店企业对于技能型人才的具体要求以及学校使用教材的反馈意见，组织骨干教师与行业、企业的专家进行充分研讨，确定重点做好以下几方面工作：

◆更新教材内容　根据饭店企业的发展变化，补充有关饭店管理的最新理念，以及在线预订、智能系统等互联网时代出现的新方法、新技术，更新与饭店及旅游相关的人文信息，使教材内容更加具有前瞻性。进一步加大技能训练的比重，在前厅服务、客房服务、餐厅服务、康乐服务等主要技能课教材中，更多地加入实践案例和操作指导，有助于学校开展一体化教学。同时，将职业道德、服务意识、礼仪规范等有机融入到教学内容、课堂问答、课后训练等各环节中，以加强对学生职业素质的培养。

◆提升教材表现力　通过设置“案例分析”“知识链接”“服务提示”等不同栏目，增加教材的亲和力，激发学生的学习兴趣。同时，尽可能多地以图表代替冗长的文字叙述，使教材更加生动直观，易于学习。

◆加强立体化资源建设　将习题册修订与教材修订同步进行，同时补充开发配套的电子课件。习题册答案及电子课件可登陆 www.class.com.cn，搜索相应的书目，在相关资源中下载。

本套教材的编写得到了有关省市人力资源和社会保障部门以及一批中等职业技术学校的大力支持，教材的编审人员做了大量的工作，在此，我们表示衷心的感谢！同时，恳切希望广大读者对教材提出宝贵的意见和建议。

人力资源社会保障部教材办公室

Contents 目录

# 第一章 饭店服务心理概述

在饭店服务工作中，既有服务人员与顾客之间的交往，又有服务人员之间的交往，既有个人之间的交往，又有团体之间的交往。所以，饭店服务工作是一项人际关系比较复杂的社会活动。为了更好地完成饭店服务工作，获得更加融洽的人际关系和工作氛围，饭店服务人员需要掌握一定的服务心理学知识与策略。

## 学习目标

☆ 了解心理学与饭店服务心理学的基本知识。

☆ 认识饭店服务的特征和饭店服务人员的职业心理素质。

☆ 掌握人际交往策略在饭店服务中的应用。

# 第一节　心理学与饭店服务心理学

**案例学习**

一天下午，某饭店1528房的顾客陈女士气冲冲地跑到饭店前台，把房卡狠狠扔给前台服务员，说道："你们是怎么搞的，我的房门又打不开了！早上不是已经重新做了一张房卡吗，怎么现在又不好用了，烦死了！"前厅经理正好在场，他先是安慰了陈女士，劝她不要着急，然后迅速地用读卡机把房卡读了一遍，的确是1528房，时间也对，应该是可以打开的。为确保无误，前厅经理又重新做了一张新房卡，并陪同陈女士一起去房间。陈女士看到前厅经理亲自处理这件事情，心里还是非常高兴的。到了房间，前厅经理却发现房卡没有问题，这种情况很可能是顾客没有正确使用房卡，插反了方向。于是，前厅经理又把门关上，用慢动作再一次把门打开。这一切陈女士看在眼里，心里也明白了怎么回事，感到有些不好意思。但前厅经理还是礼貌地对她说："对不起，可能是刚才门锁有点小问题，不好意思，耽误您的时间了"。这时陈女士表情也变得自然了，忙说："谢谢！谢谢！麻烦你了，你们饭店的服务真的很到位，以后来这座城市，我还会选择你们饭店的。"

**点评：**

上述案例中，前厅经理在事件的处理过程中，没有和顾客争论房卡到底有没有问题，也没有指出顾客使用房卡的方法不当，而是用行动让顾客了解怎么使用房卡，没有让顾客感到尴尬。这说明前厅经理在把握顾客的心理方面是非常准确的，知道如何让顾客感受到饭店的尊重和体贴，这也正是饭店服务心理学的重要研究内容。

## 一、心理学定义

心理学是研究心理现象及其活动规律的科学。心理现象不同于物理现象、化学现象等客观现象，它没有形状、大小、气味，不容易为人所直接认知。但是，心理现象又时刻存在于人们的学习、生活与工作中。人的心理现象是指人的心理活动，如感觉、知觉、想象、思维、记忆、情感、意志、气质、性格等。这些心理现象或心理活动之间有着紧密联系，并且存在一定规律，这些规律通过科学研究是可以认识的。

根据对人心理活动的描述，可以把人的心理现象大致分为心理过程与个性心理，心理现象的分类如图 1—1 所示。

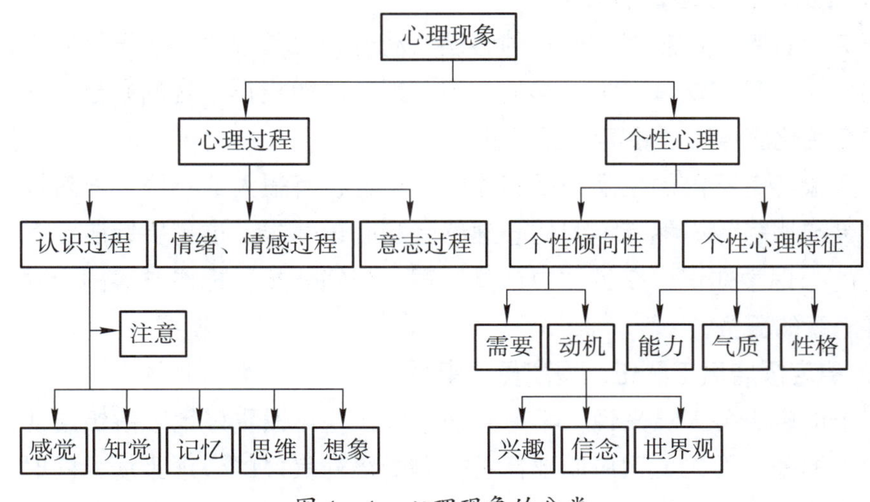


图 1—1 心理现象的分类

## 二、饭店服务心理学定义及研究对象

**1．饭店服务心理学定义**

饭店服务心理学是研究不同类型的饭店消费者在预订、购买、接受饭店产品及服务过程中、过程后的心理活动变化的规律，以及饭店服务人员与顾客之间、服务人员之间的交往心理的科学。

**2．饭店服务心理学研究对象**

（1）饭店消费者的心理

消费者接受饭店产品及服务的消费过程中出现的心理活动，不仅具有普通人的心理特点，还具有在接受产品及服务活动过程中所产生的特殊心理。即顾客在饭店这样一个环境中，作为饭店服务活动的主体参与者，他的身份、地位发生了变化，心理也会有相应的变化，这种变化是有规律可循的。

（2）饭店员工的心理

饭店服务离不开服务人员，服务质量的优劣，在很大程度上取决于饭店服务人员的服务意识和心理素质的高低。只有一流的员工才能提供一流的服务，才能造就一流的饭店。一方面，对员工的心理研究可以帮助饭店管理者了解不同员工、不同时期的心理状态，通过各种方式激励员工工作的积极性和主动性，做好饭店人力资源的配置与优化。另一方面，通过心理研究，可以把握员工的心理问题，帮助员工缓解工作压力，促进员工身心健康。

## 三、学习饭店服务心理学的作用

**1．更好地为顾客提供服务**

研究消费者在饭店消费的各种心理活动变化及其规律，对于饭店来说有着重要的意义。只有认真了解顾客的心理，饭店才能根据顾客的心理需求，为顾客提供个性化服务，让顾客真正满意。

不同顾客有不同的生活经历和体验，个性也有很大的不同，面对饭店标准化的产品与服务，必然有不同的心理感受和心理需求，这需要饭店服务人员掌握一定的心理学知识，在工作中认真观察、仔细分析，把握顾客的心理，提供让顾客满意的服务。

**2．稳定饭店员工队伍，提高员工素质**

对于饭店服务人员来说，学习心理学知识，可以更好地了解饭店业对服务人员素质的基本要求，适应职业需要，自觉培养良好的心理素质，同时，在工作实践中自觉运用心理学知识去处理问题，提高服务质量。

**3．促进饭店的长远发展**

通过对饭店服务心理学的研究，饭店经营管理者可以更好地预测客源市场的变化规律，把握顾客的心理需求和购买特点，有针对性地进行饭店产品的生产、定价和销售，最大限度地满足顾客的需要，占据市场先机，取得良好的经济效益和社会效益，促进饭店的长远发展。例如，目前许多饭店为了更好地为顾客提供服务并真实地反映服务人员的工作成效，普遍通过各种渠道进行顾客满意度调查，在总结经验中促进饭店的长远发展。

### 知识链接

**示例：××× 连锁饭店顾客满意度调查**

尊敬的会员：

您好！感谢您一直对 ××× 连锁饭店的关注与支持！为提高我们的服务质量，请您为我们打分！

您的姓名：　　　　会员卡号：　　　　联系方式：

1. 您入住 ××× 连锁饭店的次数是多少？

A. 1～3 次　　B. 3～5 次　　C. 5～10 次　　D. 10 次以上

2. ××× 连锁饭店给您整体感觉怎样？

A. 满意　　B. 一般　　C. 不满意　　D. 不知道

3. 您是否会再次入住或向朋友推荐我们的饭店？

A. 是　　B. 否

………

非常感谢您的配合，我们将向您送出 100 积分，并吸取您的宝贵意见和建议，欢迎您再次光临！

**课堂讨论**

● 饭店还可以通过哪些途径来获取顾客对饭店产品与服务的意见和建议？在饭店对客服务中，服务人员如何有效地观察顾客和把握顾客的心理需求？

## 第二节　服务及饭店服务概述

**案例学习**

晚上 10 点半左右，某饭店餐厅走进来几位顾客，说："还能在这儿吃点夜宵吗？累了不想再往外跑了。"刚好服务员小李在岗位上，回答道："可以，您想吃点什么？我去给您准备。"顾客一听，开心地说："太好了，谢谢你，我们一共三个人，随意上点就行。"

时间很晚了，大部分厨师已经下班，复杂的饭菜餐厅也没法做了，晚上吃多了也不利于消化。想到这儿，小李对顾客说："10 点多了，过会儿就该休息了，给您上点易消化的饭菜，每人一碗面，外加几个可口的小菜，您看可以吗？"顾客听后十分高兴，满意地说："可以，太好了，热乎乎的面，想想就觉得又馋又饿。还以为这么晚餐厅已经下班了，我们原本只是想过来试一下。"小李回应道："您来了，我们就得尽力让您满意。"

十分钟过后，饭菜上齐。小李从顾客的交谈中得知，这三位顾客是自驾来本市看病人的，不知道去医院怎么走。于是，小李详细地给顾客讲了去医院的路线，还简单画了张路线图给顾客，标明了去医院和回酒店的路线。小李耐心细致的服务得到了顾客的好评，顾客临走时直夸饭店服务热情周到，服务员的素质高。

**点评：**

上述案例中，服务员小李细心分析顾客心理，巧妙地解决了饭店正常供餐时间之外的临时就餐问题，让顾客吃上了经济可口的夜宵，同时也缓解了后厨的工作压力。另外，为顾客引路这一环节，体现了服务员的用心，为顾客着想，解顾客之需，既得到了顾客的肯定和表扬，也为酒店招来了回头客。

## 一、服务的定义

有关服务概念的研究，首先是从经济学领域开始的，最早可追溯到亚当·斯密时代（18 世纪）。不过，由于服务产业包罗万象，很难界定其范围大小，所以，迄今为止尚未有一个权威的定义。

美国的市场营销学界普遍认为，服务是可被区分界定的，主要为不可感知，却可使欲望获得满足的活动，这种活动并不需要与其他的产品或服务出售联系在一起。生产服务时可能会或不会利用实物，而且即使需要借助某些实物协助生产服务，这些实物的所有权将不涉及转移问题。

美国著名营销学家菲利浦·科特勒在 1983 年指出，服务是一方能向另一方提供的，基本上属于无形的任何行为或绩效，并且不导致任何所有权的产生。服务的生产可能与物质产品相关，也可能不相关。

服务管理学科创始人之一的格罗鲁斯对服务下的定义是：服务是由一系列或多或少具有无形特性的活动所构成的一种过程，这种过程是在顾客与员工、有形资源的互动关系中进行的，这些有形资源（有形产品或有形系统）是作为顾客问题的解决方案而提供给顾客的。

国内普遍认为：服务是帮助，是照顾，是贡献，服务是被他人需要、为他人提供便利、为他人利益办事的有形与无形结合体，它是在一定的空间或时间里为他人提供一切物质、精神等方面需要的总和。

## 二、饭店服务概述

**1．饭店服务的界定**

饭店服务是指饭店以饭店设备、设施等有形产品为基础或依托，通过饭店员工的劳动而形成的无形产品所实现的服务，目的是使顾客的物质需要和精神需要在饭店得到满足。

**2．饭店服务的特征**

饭店业是服务业的典型代表，顾客的高要求和服务的高标准使饭店业一直走在服务业的前沿。想要给顾客提供完美的服务，首先需要了解现代饭店服务具有的显著特征。

（1）服务的差异性

一家饭店提供的同一产品不可避免地存在着质量和水平的差异，具体表现在：一家饭店的不同职工，甚至同一职工在不同的时间、不同的场合或对不同的对象，所提供的服务往往水平不一、质量不同。造成饭店服务差异性的直接原因在于手工劳动是饭店的主要生产手段。克服饭店服务差异性的关键在于制定严格的质量标准，坚持每次服务都符合标准，其途径在于加强职工教育培训，提高从业人员的文化修养，讲究服务道德，提升行业素质和职业技能。

（2）服务的不可分割性

大多数情况下，饭店所提供的服务与消费是同时进行、不可分割的。而对于大多数商品而言，这两个过程通常是分开的。比如说电视机可以在某个地方的工厂生产，然后被运往世界各地的批发商和零售商，最后卖给消费者。但是，购买电视机后并不要求消费者立即使用，它可以被无限期地存放起来，当消费者认为电视机的质量存在问题时，还可以向卖方提出退货或调换等。而饭店所提供的服务则是边生产边消费的过程，顾客必须参与其中成为服务的主角，他们是服务好与坏的最终评判者。当顾客认为服务人员的服务质量很好时，必然会激发服务人员的服务热情，提供更完善的服务；反之，顾客对服务不满时，会向饭店提出投诉或向服务人员表示自己的不满情绪，这又会影响到服务人员的后续服务。

（3）服务信息反馈的直接性

饭店服务产品是由饭店服务人员当面向顾客提供的，顾客对产品的意见和投诉会立即反馈给服务的提供者——饭店服务人员。因此，饭店服务人员必须机智灵活、训练有素，善于接受顾客的意见和投诉，能灵活应付和妥善处理各种情况。

（4）服务的不可保存性

如果今天没有顾客前来饭店消费，餐厅座位、客房床位今天的价值就会永远地失去了，再也无法弥补回来，因为服务的提供和消费是同步进行的。服务的这种不可保存性对如何实现服务销售提出了难题，因而每家饭店都力争实现较高的客房入住率和座位上座率，从而最大限度地发挥服务的功效，避免服务设施的浪费。

（5）服务的多变性

服务的多变性主要源自于顾客需求的多变性，顾客在不同的生理和心理状态下会对服务产生不同的需求，而且不同的顾客对服务也有不同的需求，用同一标准去为不同的顾客服务，其结果肯定是有差异的，只有灵活变通，才能满足顾客的需求。另外，提供服务者在不同的状况下也会使服务产生一定的变化，如厨师做菜的过程中，心情的好与坏对菜肴的质量影响非常大。

要想在“要变”和“会变”之间保持平衡，提供没有缺陷的服务，对服务人员和饭店管理者来说是一个很大的挑战。它要求服务人员具备良好的服务心态、服务意识、灵活多变的服务策略、敏锐的洞察力和控制能力。

## 知识链接

### 服务人员微笑三要素

微笑是饭店行业讲得最多，也是最急需解决的一个问题。由于我国传统文化习惯等原因，相当一部分服务人员的动作是规范的，表情却是既羞涩又冷淡。顾客与服务人员见面，最先得到的不是服务，而是一种感觉，这种感觉来自于服务人员的外在形象。一张冷漠的面孔，无论说出多么动听的欢迎之辞，任何人都不会有被欢迎的感觉。为了顾客的第一印象，很多饭店针对“微笑三要素”——表情、身形、语言对服务人员进行训练，目的是希望让顾客无论在饭店的任何地方，遇到任何一名服务人员，都有一个良好的第一印象。第一个要素是“表情”。要求服务人员眼神要专注，面部肌肉要放松，嘴角要上翘，嘴唇要张开，露出八颗牙齿。第二个要素是“身形”。要求服务人员脚跟并拢，两腿伸直，右手握左手，置于小腹前，上体30度鞠躬。第三个要素是“语言”。要求服务人员自然、亲切地使用敬语。

**课堂讨论**

饭店服务人员如何才能为顾客提供优质的服务？

# 第三节 饭店服务人员的职业心理素质

**案例学习**

陈明是某饭店的一名客房服务员，这段时间以来，她很烦躁，感觉事事不顺，每天做着枯燥乏味的卫生清洁工作，脾气变得越来越坏，同事之间的关系也越来越紧张，还时不时要受到领班的批评，有时还会被顾客投诉。她开始怀疑是不是自己选错了专业，不适合饭店行业。听到周围的朋友说饭店行业是吃青春饭的行业以后，她的性格就越来越差，总觉得在这里工作是混日子，想辞职又不知道辞职后该做什么。陈明看到和自己同时进入饭店工作的同学张英，现已是餐饮部主管了，又不甘心就这样辞职。后来，陈明走进单位的人力资源部，找到了当初招聘她的李经理，李经理把她的情况进行了分析，让陈明对自己的职业发展重新充满信心，并立志在饭店行业努力发展。

**点评：**

随着饭店业竞争的日益激烈，各饭店对从事一线服务的员工素质要求也越来越高。同时，饭店服务行业简单、重复的工作方式，也使饭店员工面临的压力越来越大，容易产生紧张、挫折和自信心不足等不良的心理状态。因此，饭店员工要了解饭店服务人员基本的职业心理素质，并学会自我调节，科学规划，为顾客提供优质的服务，走好自己的职业发展道路。

## 一、良好的性格

性格是指表现在人对现实的态度和相应的行为方式中的比较稳定的、具有核心意义的个性心理特征，是一种与社会相关最密切的人格特征。性格表现了人对现实和周围世界的态度，并表现在他的行为举止中。良好的性格是服务人员能够热情为顾客服务的重要心理条件。

1．充满乐观与自信

具有良好性格的人对生活和工作是充满乐观与自信的。要做一个优秀的服务人员，首先要做一个生活中的强者，追求更多、更好、更高层次的满足。心理学家马斯洛说过，人有一种“向前的力量”，也有一种“向后的力量”，并不是人人都能让前一种倾向胜过后一种倾向。只有乐观自信的人才会永远向前，那种乐观的精神，能使他们永远积极向上，无论身处顺境还是逆境，都能正确评价自己。饭店服务工作的特点决定了乐观自信的人更容易在饭店行业取得成功。

2．待人礼貌热情

饭店服务人员为顾客提供服务的过程本身就是人际交往的过程，人们更愿意和礼貌热情的人交往，冷冰冰的态度只会让人望而却步。在饭店服务工作中，面带微笑、礼貌热情的服务人员更容易获得顾客的好感和信任。作为饭店服务人员，宗旨就是让顾客满意，获得了顾客的好感，因此，对人礼貌热情是饭店服务人员的基本素质要求。

3．为人真诚友善

真诚友善就是在与人的交往中，以诚相待，表里如一，与人为善。在饭店服务工作中，服务人员以善良的愿望同对方相处，往往会赢得顾客的信任，很快被顾客所接纳，消除人与人之间的陌生感、隔阂感，能够在较短时间内融洽人际关系，使顾客乐于接受服务。

4．心胸豁达、善解人意

法国文学大师雨果曾说过：世界上最宽阔的是海洋，比海洋更宽阔的是天空，比天空更宽阔的是人的胸怀。饭店服务人员只有心胸豁达，才会善解人意，自然就会开心地面对各种类型的顾客，为顾客提供最完善的服务。

## 二、积极的情绪情感

情绪是人对客观事物是否符合自身需要而产生的态度，人的情绪直接影响人的生活态度和工作方式。在饭店服务工作中，服务人员直接面对顾客，是顾客情绪的引领者，直接影响顾客情绪的同时，也影响自身的工作效率。

1．保持良好的情绪状态

首先，服务人员在工作中要使自己处于一种轻松愉快、心平气和、乐观积极的情绪状态之中。保持良好的情绪状态，有助于提高工作效率，并以良好的情绪影响和感染顾客。其次，服务人员要善于控制自己的情绪，避免不好的情绪所带来的消极影响，避免失去理智，防止和顾客之间的矛盾激化。因此，服务人员要学会自我调节情绪，时刻保持愉快的情绪并克服不良的情绪。饭店服务人员学会情绪的自我调节是指在饭店服务过程中保持愉快的情绪体验，并与顾客共同创造愉快的情绪氛围。宽容对人、忍让处事、广交朋友、热心助人等都是有效的情绪调节方法。同时，还要通过及时排遣不良情绪、转移注意力、自我放松等方式来克服不良情绪。此外，饭店服务人员在面临紧急情况时，要做到临危不惧、从容不迫，果断做出决定。

**2．要有正确的情感倾向性**

饭店服务人员应具有热爱饭店服务工作、热情为顾客服务，为满足顾客需要而努力工作的崇高情感，并将这种情感指向自己的工作和服务对象，在实践活动中充分表现出来。对本职工作的热爱和对饭店顾客的尊重与体贴，是饭店服务人员正确的情感倾向性的具体表现，也是优秀员工的必要条件，它是激发饭店服务人员努力工作的内在动力。

**3．要有深厚持久的高尚情感**

高尚的情感主要包括道德感、理智感和美感。在饭店服务工作中，道德感就是要求服务人员自觉遵守饭店的各项规章制度和职业道德规范；理智感就是要求服务人员坚持真理、善于思考，对工作孜孜以求；美感就是要求服务人员培养正确的审美观，仪容仪表、言谈举止要得体，善于发现美、创造美。深厚持久的高尚情感可以为服务人员的工作产生积极的动力，然而这种动力也会因人而异。因此，服务人员还要努力提高高尚情感的效能。情感效能高的服务人员能将其转化为积极学习、努力工作的动力；而情感效能低的服务人员则空有愿望，是“语言上的巨人，行动上的矮子”。

## 三、坚强的意志

意志是人自觉地按照确定的目的，并根据目的来支配、调节自己的行为，克服困难，从而实现预定目的的心理过程。意志是人类特有的高级心理活动，它是人类意识能动性的集中表现。意志过程由两个阶段构成，即确认决定阶段和执行决定阶段。饭店服务工作是极其复杂的工作，需要服务人员不断克服主客观方面的各种困难和障碍，所以只有不断地增强意志力，才能做好饭店服务工作。

**1．自觉性**

意志的自觉性是指人对其行动的目的及其社会意义有正确而深刻的认识，并能自觉地支配自己的行动，使之服从活动目的的品质。有自觉性的人，相信自己的目的是正确的，能把热情和力量投入到行动中，会克服困难，在行动中不轻易受外界的影响而改变自己的目的，但也不拒绝有益的建议和意见，他们的思想和行动既有原则性又有灵活性。对于饭店服务人员来说，具有意志品质的自觉性就是要既能倾听和接受合理建议，又能信守原则，主动、独立地调节自己的行为，并具有强烈的饭店从业意识，深刻理解饭店工作的社会价值，在饭店服务工作中以高度责任感确立行动目的，选择科学的行动方法，自觉为顾客提供服务。

**2．果断性**

果断性是指人能迅速有效、不失时机地采取决断的品质。与之相反的是优柔寡断和草率鲁莽，前者患得患失、当断不断、缺乏主见、错过时机，后者不加分析、不管实际、不顾后果、轻举妄动。饭店服务人员每天要接触很多顾客，也会遇到各种矛盾，甚至会碰上一些突发事件。这需要饭店服务人员具备驾驭复杂事态的能力，迅速权衡，准确决断，及时采取相应措施加以处理。如果饭店服务人员缺乏果断性，表现出犹豫不决或草率行事，不仅难以解决问题，还会激化矛盾，导致更严重的后果。

**3．坚持性**

坚持性是指人在执行决定的过程中，以坚持不懈的精神克服困难，不达目的誓不罢休的品质。饭店服务工作单调烦琐，劳动时间长，劳动强度大，顾客要求标准高，要始终如一地保持主动、热情、耐心、周到的服务态度，自觉抑制不符合既定目的的主客观干扰因素，克服畏难情绪。坚持不懈地做好服务工作，需要服务人员具备充沛的精力、顽强的毅力和坚忍不拔的意志品质。

**4．自制性**

自制性是指人能够自觉控制自己的情绪，约束自己的言行举止的意志品质。自制力强的饭店服务人员在对待顾客时善于克己忍耐，不失礼于人；在对待工作时，遇到困难繁重的任务不回避，不感情用事。饭店工作的目标是为顾客提供至善至美的服务，它要求饭店服务人员不论与何种类型的顾客接触，或者无论发生了什么问题，都能够做到镇定自若，善于控制自己的情绪，把握自己的言行分寸，谦恭有礼。遵守饭店的各项规章制度，也是自制性强的表现。

## 四、出色的能力

饭店服务人员的能力不仅是完成日常饭店服务工作的前提，还直接影响到服务效率和服务效果，是影响饭店服务质量和水平的主要因素。一位优秀的饭店服务人员应具备出色的能力，包括敏锐的观察力、良好的记忆力、高超的交际能力和熟练的服务技能。

**1．敏锐的观察力**

饭店服务人员要想为顾客提供最好的服务，首先要了解顾客的心理，才能投其所好，有的放矢。但是，人的心理是内隐的，所以只能通过观察外显的行为去了解他的心理，而人的行为在很多时候并不会表现自己真实的想法，甚至故意做出与自己真实的想法相反的举动来。这就需要饭店服务人员首先要细心观察，捕捉顾客无意流露或有意传递的每一点信息，然后再根据当时特定的背景分析顾客的真实心理需要。

**2．良好的记忆力**

良好的记忆力是优质服务的基础。饭店服务人员在工作中不仅要记住所有设施设备的使用方法、服务工作的程序和规章制度，还要记住顾客的姓名、外貌、职业、职位、爱好、禁忌等，甚至还要记住当地的主要旅游景点、特色小吃、出行线路、大型商场等，当顾客询问时，能够马上为顾客提供准确的答案。

**3．高超的交际能力**

交际能力是饭店服务人员对客服务的一项基本能力。高超的交际能力主要表现在：第一，应重视给顾客的第一印象；第二，要有简洁流畅的语言表达能力；第三，要有妥善处理各种矛盾的能力；第四，也是非常重要的，要有吸引顾客的能力，通过交际，促使双方感情融洽，吸引顾客，促使其消费。

**4．熟练的服务技能**

服务技能是饭店服务人员对服务操作技术、动作掌握的熟练程度。它同服务态度、服务用语和服务项目一样，关系到饭店形象，影响着顾客的消费感受。服务技能表现在不仅要有娴熟的操作策略、超群的服务技艺，而且还要有丰富的专业知识和顾客信息。具备熟练的服务技能，会让顾客在心理上放松，更加信任饭店服务人员，也更愿意在饭店里进行消费。

**课堂讨论**

● 饭店服务人员在工作中可能会遇到哪些困难和挑战？应该在心理上做好哪些准备？

# 第四节　饭店服务中的人际交往

## 案例学习

某饭店客房部新招来一位聪明伶俐的姑娘小李，她对这份工作充满热情。3个月的岗前培训，更加强了她对做好这份工作的信心。

一天傍晚，她在楼层值班，这时来了两位顾客。小李立刻迎上前去，微笑着说："先生，晚上好！"她按照饭店的服务程序，看过顾客的房卡，然后接过他们的行李，领他们走进房间。她熟练地给顾客送上欢迎茶，说道："先生，请用茶。"接着她又一一介绍设备设施："这是床头控制柜，这是空调开关……"这时，其中一位顾客不耐烦了，就打断了她的话，说："知道了。"但小李仍然继续说："这是电冰箱，桌上文件夹内有'入住须知'和'电话指南'……"未等她说完，另一位顾客掏出10元钱递给她，说："这些我们都知道了，我们现在想休息。"这时，小李愣住了，她觉得很委屈，自己按服务规范给顾客耐心介绍客房设施设备，为什么不受顾客欢迎呢？一片好意被拒绝甚至误解，她感到又沮丧又委屈，她红着脸对顾客说："先生，对不起，我们不收小费，谢谢您！如果没有别的事，那我就先告退了。"说完便退出房间，回到了服务台。

**点评：**

顾客入住饭店后，是有不同于餐厅、商场的特殊心理需求的。性格、气质、社会阶层、职业等的不同，使顾客的心理也不同，这些因素都直接影响饭店服务人员与顾客的人际交往。掌握影响客我交往的因素，以及饭店服务人员之间、饭店服务人员与顾客之间的人际交往原则，有助于向顾客提供优质的服务。

## 一、影响人际交往的因素

在人际交往中，往往会产生性质和程度各不相同的人际关系，这取决于不同因素的作用和影响。影响人际关系的心理因素既有认知成分，又有情绪成分和行为成分。其中，情绪成分也就是对人的喜爱或不喜爱。了解影响人际交往的因素，对于建立良好的人际关系有重要的作用。

**1．邻近因素**

人与人生活空间的距离越小，越容易形成彼此之间的密切关系。人们总是习惯随着自己生活空间的变化，在临近的人当中选择、结交新的朋友。这是因为空间距离上的接近为人们的交往提供了机会，人们互相接触的机会更多，更容易熟悉对方，尤其在交往的早期阶段更是如此。但是，随着时间的推移，这一因素发挥的作用将越来越小。由于各种因素的影响，有时候距离相近也可能会产生消极作用，特别是当双方产生矛盾或有利益冲突时，距离相近更容易引起摩擦。

**2．相似因素**

在人际交往中，如果双方相似的方面越多，就越容易产生吸引。这些方面包括教育水平、经济收入、社会地位、思想成熟水平、年龄、籍贯、职业、兴趣、态度、理想、世界观、价值观等。

**知识链接**

心理学家认为，人们喜欢与自己相似的人交往主要有三个原因：一是人们都希望自己在态度上与大多数人保持一致，从而使内心得到一种稳定的感觉；二是在与自己相似的团体中活动，阻力比较小，预期目标也容易实现；三是相似的东西常被作为统一体而被感知，从而使自己易于与其他相似的人组成一个团体。

**3．互补因素**

在现实生活中，心理学家发现，不仅是相似因素会使人相互吸引，彼此之间存在着较大差异的人也能建立密切的关系。大部分人除了有一些个性相似的朋友，还有一些跟自己个性互补的朋友。

当个人的需要与他人的期望成为互补关系时，就会产生强烈的人际吸引。也就是说，需要、兴趣、气质、性格等方面存在差异的人，可以在交往中互取所长，互补所短，结成亲密友好的人际关系。

互补因素增进人际关系吸引往往发生在感情深厚的朋友之间，特别是异性朋友和恋人之间。

**4．个体因素**

除了以上这些方面，个体本身所具有的一些特点也是影响人际交往的重要因素，包括个人的仪表、人格特征和能力。

仪表包括个人的容颜、穿着、仪态、风度等。这些因素在第一次见面时尤其影响人们彼此之间的吸引。在人际交往的初期，人们总是容易被漂亮的外貌吸引。俗话说："人不可貌相"，但人们还是在不知不觉中受到外貌的影响。此外，美貌还会产生光环效应，人们容易认为外貌美的人也具有其他优良品质。但是，在人们交往了一段时间后，容貌的作用会降低。

## 二、饭店服务人员之间的人际交往

饭店服务行业的特点决定了饭店服务人员之间必须要有密切的配合，只有各部门员工齐心协力，才能为顾客提供最完美的服务。因此，饭店服务人员是否能够巧妙地协调好同事间的人际关系、是否具备团队协作精神是非常重要的。

**1．饭店服务人员之间交往的心理特点**

饭店服务人员之间交往的心理特点主要分为成熟心理表现和不成熟心理表现。

（1）成熟心理表现

美国心理学家奥尔波特把成熟心理表现的人称作"成熟者"，并从他们身上归纳出 7 个特征：自我感的扩展；具有对别人表示同情、亲密或爱的能力；有安全感，接纳自我；能够准确、客观地知觉现实和接受现实；能够客观地看待自己；有多种技能，专注于工作；具有统一的人生观，行为的动力来自长期的目标和计划。

（2）不成熟心理表现

不成熟心理表现主要体现在工作中"对上顶，对下压"，表现为对上司的工作安排不满，总是感到不公平，每天都在释放负能量，工作不积极。此外，还会有向比自己级别低的员工或者新员工施加压力，甚至总想着捉弄对方、欺负对方，把工作上的失误和过错推卸给对方等表现。

**2．饭店服务人员之间交往的形式**

（1）向上沟通的形式

向上沟通的形式就是下级对上级的沟通。在沟通的过程中，可能会出现障碍。其中包括饭店组织本身产生的障碍，如距离、时间、信息、速度等，也可能存在管理者个人造成的障碍，如性格、脾气等。

（2）平行沟通的形式

平行沟通的形式不存在级别的差异感，主要是就部门内部或部门间的重大决策互通信息。良好的平行沟通应该是设身处地地为他人着想，只对事不对人，具有良好的沟通方式和沟通渠道。

（3）向下沟通的形式

向下沟通的形式就是上级对下级的沟通。领导不应把不好的情绪带给他人，保持良好的情绪是非常重要的，要注意与下级之间沟通的语气、时间、地点等。

**3．饭店服务人员之间人际交往的原则**

（1）诚信原则

古人交友，以诚信为本，在现代人际关系中，这个原则依然适用。饭店服务人员只有以诚相待，做到言而有信、诚实不欺，才能保持长久的交往。

（2）谦虚原则

饭店服务人员与同事交往时保持谦虚，能增强部门内部的凝聚力，增进人与人之间的交往和感情，加强沟通效果。

（3）平等原则

人与人交往是相互的，是一种作用与反作用的关系。饭店服务人员只有用平等的眼光、真诚的心态去和别人相处，才会赢得越来越多的尊重，如果用高高在上、自负的心态为人处世，在同事中就会处于孤立的状态。

（4）广泛原则

饭店服务人员与同事的交往范围要广，不要仅仅局限在饭店某个部门内，还要和其他部门的同事交往。结交越广，接收的信息量就越大，所能调用的资源就越广，在工作中会更加得心应手。

（5）主动热情原则

主动热情的态度能迅速拉近双方的距离，给他人以良好的印象和愉快的心情，同时带给自己愉快的感觉。热情待人的态度，在人际交往中能增加个体的吸引力。

（6）严以律己、宽以待人原则

饭店服务人员在与同事交往中，对待自己要加强自律，严格要求自己，主动承认错误；对待同事要胸怀宽广，虚怀若谷，宽容对方。严以律己、宽以待人，在工作中就更容易取得别人的支持与配合。

## 知识链接

### 饭店服务人员之间交往的策略

1. 记住同事的姓或名，见面主动打招呼，称呼要得当，让人觉得礼貌相待，备受重视，给人以平易近人的印象。

2. 与同事交往时，举止大方、泰然自若，使别人感到轻松、自在，激发交往动机。

3. 培养开朗、活泼的个性，与同事交往时让人觉得愉快。

4. 培养幽默风趣的言行，幽默而不失分寸，风趣而不显轻浮。与同事交往要谦虚，遇事多请教，待人要和气，尊重他人。

5. 在与同事交往时，做到心平气和、不乱发牢骚，这样不仅自己快乐，别人也会心情愉悦。

6. 与同事交往时要注重说话的策略，注意说话的场合、环境和对象。

7. 处事果断、富有主见、精神饱满、充满自信的人容易激发别人的交往动机，博得别人的信任，具有较强的亲和力。

## 三、饭店服务人员与顾客之间的人际交往

顾客进入饭店接受服务的过程渗透到饭店服务人员与顾客之间交往的整个过程中，因此，饭店服务人员与顾客之间的交往是饭店服务工作中最重要的人际交往。

**1．饭店服务人员与顾客交往的心理特点**

由于顾客与饭店服务人员在交往过程中所处的地位和所扮演的角色不同，双方的交往具有与其他交往不同的特点。

（1）短暂性

顾客在饭店无论是住宿、用餐，还是参加会议、娱乐，停留的时间一般只有几天或几个小时，因此，双方交往的时间相对比较短暂，彼此熟悉了解的机会不多。正是由于这种交往时间上的短暂性，饭店服务人员需要快速把握顾客的心理需求，并且根据顾客的心理需求提供个性服务。

（2）业务性

饭店服务人员与顾客交往只限于顾客需要服务的时间，服务内容也只限于饭店业务范围之内，不应该也不允许发生业务以外的交往。因此，顾客希望在饭店消费期间享受到所期待的服务。饭店服务人员也应该熟悉工作业务，时刻关注顾客的服务需求。

（3）不对等性

一方面，顾客是“上帝”，有接受优质服务的权利，交往时，向饭店服务人员下达命令，提出要求；另一方面，饭店服务人员没有选择顾客的权利，必须服从和满足顾客的意愿，并提供优质服务。“不对等性”这一特点，常常容易使新入职的饭店服务人员产生自卑或逆反心理，需要进行心理引导。

（4）差异性

因为顾客的年龄、性别、职业、文化层次、个性特点和心理状态存在差异，因此，饭店服务人员与不同顾客的交往模式也存在差异。由于这种差异性的存在，饭店服务人员应该主动站在顾客的角度思考问题，全面分析顾客的心理差异，并提供针对性服务。

**2. 饭店服务人员与顾客交往的形式**

在饭店服务工作中，饭店服务人员与顾客的交往行为主要表现为平行性交往和交叉性交往两种。

（1）平行性交往

这是一种符合正常人际关系在自然状态下的反应。这种交往是平行的，双方都以对方所期待的心理状态做出反应，交往双方的行为符合对方的心理需求，相互作用是呼应的，所以交往双方情绪愉快，关系融洽，交往能顺利进行下去。平行性交往是饭店服务过程中应当提倡的交往形式。

（2）交叉性交往

这种交往指的是相互作用的心理状态是交叉的，双方做出的反应与对方期待的心理状态不符，即双方的行为不符合对方的心理需求。交往发生了困难或出现了中断，或彼此间产生了冲突，交往双方情绪不愉快，导致关系紧张。在饭店服务过程中，应避免交叉性交往的情况出现。

**3. 饭店服务人员与顾客交往的原则**

为了与顾客的交往能够顺利进行，为顾客提供满意的服务，饭店服务人员在服务工作中，无论遇到什么类型的顾客，都应该保持理智，以顾客期待的心理状态与其进行交往。饭店服务人员在与顾客交往的过程中应遵循以下原则：

（1）保持平行性交往的原则

要使得顾客能感受到热情和周到，饭店服务人员必须在日常工作中努力为顾客提供周到的服务，同时努力使自己的心理状态与顾客的心理状态相呼应，顾客才能与饭店服务人员保持良好的平行性交往。所以，在日常工作中，饭店服务人员需要细心观察顾客的言行举止，通过各种途径来分析、判断顾客的心理状态和心理需求。

（2）注意引导对方成人型交往的原则

饭店服务人员在服务过程中，常常会遇到命令式行为，在这种状态下，顾客会表现出责骂、支配、专断的行为。通常这种情况下，饭店服务人员会觉得自尊心受到伤害。这时，饭店服务人员要抛开顾客的影响，引导对方进入成人型道歉式或提议式的交往方式。如果顾客正处于儿童型的心理状态，采取自然式的行为，服务员应与其保持平行性交往，满足心理需求，然后引导顾客进入成人型交往。

## 知识链接

### 人格结构的 PAC 分析

美国心理学家柏恩于 1959 年提出了“人际相互作用分析”的人格理论，简称人格结构的 PAC 分析。这一理论认为人的心理状态一般可分为家长型（Parent）、成人型（Adult）、儿童型（Child）三种类型。这三种类型存在于所有人的身上，与年龄、角色无关，而是不同的心理状态，同样，顾客也会有这三种心理状态。饭店服务人员在与顾客交往时，应根据顾客的心理状态选择最佳的交往方式。

**1. 家长型**

家长型心理状态以权威为特征，一般表现为命令式与慈爱式两种行为模式。命令式通常表现为统治、支配、责骂、教训，以及其他权势式的行为。慈爱式通常表现为关怀和怜悯的行为。

**2. 成人型**

成人型心理状态以理智为特征，在与人交往中往往采取一种平等的商量问题的态度。其行为表现多为待人接物冷静，尊重别人，富有理智。成人型心理状态包括以下八种人际交往的行为模式：询问式、回答式、提议式、赞同式、反对式、道歉式、总结式与破坏式。

**3. 儿童型**

儿童型心理状态以情绪为特征，像儿童一样任性和容易冲动，行为受感情支配，往往表现为服从式和自然式。服从式通常表现为服从、依赖、无主见、遇事退缩等行为。自然式通常表现为感情用事、任性、喜怒无常等自然流露的情绪状态。

（3）尊重与理解的原则

进入饭店的顾客，应受到饭店服务人员的尊重与理解。只有感受到被尊重，顾客才会对饭店及服务人员产生好感，在交往的过程中，就会很容易形成和谐、友好的交往气氛。

（4）热情与礼貌的原则

饭店服务人员热情、礼貌，顾客就会从内心感到温暖、愉快、满意，从而会对饭店和服务人员产生积极的态度体验，同时也对饭店服务人员产生信任，这是双方交往取得成功的重要手段。

（5）满足需要、方便顾客的原则

顾客有了需要，才会进入饭店进行消费，饭店的一切设施设备，都是为了满足顾客的需要和方便顾客而准备的。如果顾客在心理和生理上、物质和精神上都得到充分的满足，交往就会顺利进行。

（6）诚信与宽容的原则

诚信不仅是个人品德的基石，也体现了饭店的信誉度。顾客在某些情况下会出现一些错误，而饭店服务人员应该以宽大的胸怀包容。因此，诚信、宽容是饭店服务人员与顾客交往取得满意结果的基础，也是饭店服务人员应该具备的心理品质。

（7）高效与主动的原则

顾客在饭店消费的过程中，希望自己得到的服务是高效与主动的，这可以使顾客对饭店服务人员产生一种专业性强、业务素质高的印象，促进彼此之间交往的顺利进行。

（8）公平对待的原则

饭店服务人员在服务过程中，不能以地位、身份、外表或穿着等来看待顾客，应该公平地对待每一位顾客。

（9）差异性的原则

顾客个性的差异要求饭店服务人员根据顾客的不同个性采取不同的交往方式。例如，对于挑剔型顾客，饭店服务人员应该多听取顾客的意见，避其锋芒；对于多疑性顾客，饭店服务人员应该态度诚恳、耐心，使顾客对其产生信任。

（10）举止得当与仪容仪表得体的原则

顾客对饭店服务人员的第一印象十分重要，同时也决定了顾客与其交往的深度。对于仪态端庄、着装大方、谈吐优雅、举止得当的饭店服务人员，顾客更容易产生好感，有利于双方的交往。

## 四、人际交往策略在饭店对客服务中的应用

**1．建立正确的自我认知**

首先，饭店服务人员要建立正确的自我认知，在对客服务工作中，明确角色身份。当饭店服务人员和顾客发生矛盾时，经常会出现这样一种情况：顾客强调“我是顾客，你是服务人员”；而饭店服务人员强调“你是人，我也是人”。

人际交往的平等原则强调的是人格上的平等，并不是无条件的事事平等。饭店服务人员应当认识到，在饭店服务中，饭店服务人员与顾客的关系是主客关系，在工作中应该扮演好自己所承担的服务者的角色，用行动去赢得顾客的尊重，而不是在应当为顾客提供服务时与顾客强调“平等”。

**2．主动与顾客交往**

心理学的研究表明，在人际交往的初期，空间距离和交往频率对人际关系的发展起着重要作用。但是，饭店服务人员和顾客的交往是一种短期的、暂时的关系，在这种关系中，饭店服务人员更应该具有主动性，增加与顾客的交往频率，并提高交往深度。主动增强与顾客的交往可以及时地互相沟通信息、互相接近和建立友谊，这对饭店服务中形成良好的人际关系氛围是十分重要的。

**3．根据顾客的需要提供服务**

顾客到了陌生的环境，容易兴奋、激动，但又伴随着惶恐、孤独、不安全的心理，希望得到周到的服务。因此，饭店服务人员应该正确认识自己工作的性质，不仅要帮助顾客解决住店各方面的实际问题，还要在心理上给顾客以影响，使他们觉得住店过程非常顺利，并且享受了应有的待遇，得到了尊重。

**4．显示个人魅力**

饭店服务人员作为顾客了解饭店的窗口，其个人魅力对饭店形象的树立和顾客住店的顺利进行都是十分重要的。

首先，饭店服务人员应该整洁、端庄、亲切、文明，给顾客留下良好的第一印象。随着时间的推移，顾客会发现饭店服务人员更内在的品质。如果饭店服务人员具有真诚、善良、宽容等优秀品质，就会进一步赢得顾客的好感和信任。因此，饭店服务人员应该从各方面提高自身修养、文化素质，在顾客面前展示出个人魅力。具有丰富的知识，处理各种事物关系时能力超群的饭店服务人员是最受顾客欢迎和尊重的。

**5．注意人际交往中的报答作用**

饭店服务人员对顾客彬彬有礼，往往会使顾客用同样的礼貌方式对待饭店服务人员；饭店服务人员对顾客态度冷漠、无礼，肯定会引起顾客的反感。因此，饭店服务人员在工作中要注意这种人际交往中的报答作用，坚持为每个顾客提供热情、亲切、周到、礼貌的服务，这是使顾客对饭店服务人员产生好感、亲切感的重要因素。

**课堂讨论**

- 在工作中，饭店服务人员与同事之间应该如何保持良好的人际关系，良好的人际关系对于饭店服务人员个人来说，有哪些重要意义？

● 饭店顾客的个性有很大差异，说话方式、思维习惯、心理需求都不同，饭店服务人员应该如何调整自己的交往心理，以确保与顾客的交往顺利进行。

## 思考与练习

1. 什么是心理学？什么是饭店服务心理学？
2. 服务的定义是什么？什么是饭店服务？
3. 饭店服务的特征有哪些？
4. 饭店服务人员应具备哪些职业心理素质？
5. 什么是人际交往？影响人际交往的因素有哪些？
6. 饭店服务人员与顾客交往应遵循哪些原则？

# 第二章 前厅服务心理分析与待客策略

**前厅是饭店的门面，是顾客进入饭店和离开饭店时的必经场所，及时而优秀的前厅服务会给顾客留下深刻的第一印象和难忘的最后印象。顾客在预订、抵店、住店、离店阶段，对前厅服务需求的心理预期各不相同。服务人员只有把握了顾客的需求心理，才能主动超前提供恰当的服务，令顾客产生惊喜的消费体验。**

## 学习目标

☆ 了解来店顾客服务心理分析与待客策略。

☆ 掌握住店顾客服务心理分析与待客策略。

☆ 掌握离店顾客服务心理分析与待客策略。

# 第一节 来店顾客服务心理分析与待客策略

## 案例学习

小江是某饭店前厅接待人员。一天，小江在为顾客陈小姐办理入住登记手续时，有一位国外的顾客打来电话要求订房。小江因听不懂对方所说的话，便顺手将电话交给旁边另一位前厅接待人员小周，自己一边查询房态，一边嘴里小声嘀咕着："这个外国佬儿，不知道说的什么鬼话，一句也听不懂。"脸上明显地表现出一副厌烦的情绪。前厅接待人员小周接听完电话后，很轻松地对小江说："这是一个新加坡人，想订一间房，可是我也听不太懂他的新加坡式英语，只是随便把饭店的房价给他报了一下，对方好像也没怎么听懂，便生气地挂掉了。"

正在办理入住登记手续的陈小姐看到前厅接待人员小江和小周的服务后，觉得很不舒服，经过短暂考虑，便把已经拿到手的房卡递过来说："对不起，我不想住了，请帮我退房。"

**点评：**

上述案例中，顾客陈小姐之所以已经办好了入住手续，拿到了房卡后，又提出退房，另换一家饭店入住，最主要的原因就是对饭店前厅接待人员的服务质量不满意。顾客在目睹了小江与小周接待电话预订顾客的服务后，在内心深处对整个饭店的服务质量产生了担忧，前厅服务质量水平如此，那饭店其他部门的服务质量也可想而知。由此可见，掌握来店顾客的心理需求以及提高前厅接待服务策略十分重要，它将直接影响到饭店的收益，以及顾客对饭店的满意度评价。

## 一、来店顾客的心理需求

### 1．寻求礼遇与尊重

当顾客踏入饭店时，在前台寻求礼遇与尊重的心理需求特别强烈和敏感。他们期望受到前台工作人员热情隆重的接待，能看到微笑的脸庞，能听到礼貌的语言；期望自己的人格、隐私、爱好、信仰等都能被尊重；期望前台服务人员能耐心倾听自己的要求，仔细解答提出的问题。这种要求礼遇与尊重的心理，使顾客期望进入一个得到重视、令人愉快的环境氛围之中。

**2．寻求真诚与友好**

通常来讲，顾客对真诚、友好的心理需求会体现在饭店服务消费的全过程中。在前台与服务人员直接的沟通交流更深刻地影响顾客的服务质量体验，因此，顾客在到达前台后，在对饭店服务产生心理体验的评价时，会将服务人员是否真诚、友好放在首位。

**3．寻求便捷服务**

顾客对于饭店的想象往往是温馨的，如同家里一样方便体贴。在前台办理入住登记或离店手续时，他们对时间较为敏感，不希望在前台耽误较长的时间。如果耗时较长、手续繁复，往往会降低顾客对于亲切感及便捷度的感知水平。因此，饭店前台高效专业、熟练快速的服务水准对于顾客的心理体验构建是较为重要的。

**4．寻求好奇求知**

饭店对于新入住的顾客来说是一个崭新的地方，处处是陌生和未知。同时，初来乍到的顾客对旅游目的地的景观、物产、风土人情都不太了解。他们到达前具有好奇求知的心理。他们需要了解饭店提供的各种服务，以及客房的等级、价格；需要了解当地的风景名胜、购物中心、交通路线等状况。所以，前台应备有一些相关资料供顾客使用，服务人员也应充分了解这些信息知识，随时准备应答，以满足顾客的好奇求知心理。

## 知识链接

### 饭店顾客的三种基本消费动机

**1．生理性消费动机**

生理性消费动机又叫本能动机或者生理动机，主要是由消费者生理性需要所引起，是为维持、保护、延续和发展其自身生命需要而产生的各种购买动机，是消费者心理性消费动机的基础。

**2．心理性消费动机**

心理性消费动机主要是由消费者心理性需要或者是社会性、精神性需要所引起，为满足维持社会生活，进行社会生产和社会交往，在社会实践中实现自身价值等需要而产生的各种购买动机。它包括情绪动机、情感动机、理智动机和惠顾动机。

（1）情绪动机

情绪动机是由消费者的喜、怒、哀、欲、爱、恶、惧等情绪而引起的购买动机。这类动机极易受外界影响，其驱使下的购买行为一般具有冲动性、即景性和不稳定性的特点。

（2）情感动机

情感动机是由消费者的道德感、理智感、审美感等人类高级情感而引起的购买动机。这类动机总是与理智相联系，其驱动下的购买行为具有稳定性和深刻性的特点。

（3）理智动机

理智动机是建立在消费者对商品客观、全面认识的基础上，对所获得的商品信息经过分析比较和深思熟虑以后而引起的购买动机。理智动机推动下的购买行为，具有客观性、周密性和控制性的特点。

（4）惠顾动机

惠顾动机是建立在消费者以往消费经验的基础上，对特定的商品、商标或特定的品牌、商店等产生特殊的信任和偏爱而形成的习惯性、重复光顾的购买动机。

**3. 社会性消费动机**

社会性消费动机是由于消费者所处的生活环境、生活条件和各种社会因素影响而产生的消费动机。社会性消费动机受到社会文化、社会风俗、社会阶层、社会群体、社会地位、职业身份的影响和制约，其主要表现为社交、威望、成就、尊重等。

## 二、预订服务的策略

客房预订是许多顾客每一次饭店消费的起点，完美的服务总是在物质和精神等不同层面娱悦顾客，所以预订服务除了让顾客获得称心的客房、饭店服务信息，以及饭店所承诺的接站、搬运行李等各种便利之外，还应让顾客领略到服务人员的彬彬有礼、善解人意、主动细致。顾客一旦在预订过程中体验到这些美好的预期，便会更加信任饭店，并为饭店后续服务打下较好的基础。

**1．满足顾客旅行寻求稳定的心理**

住宿是顾客外出旅行中必需的活动，通过预订客房选择称心的房间，解除在外“无家可归”之忧，成为顾客的心理预期。预订服务过程中，饭店首先要根据顾客需要的房间类型、房间数量、入住时间、住店夜次等情况，做出是否立即接受顾客预订的答复；如果饭店不能够满足顾客的住店要求，应根据顾客预订情况，建议顾客改变入住时间或改变客房类型；如果顾客无法改变，饭店还应向顾客介绍其他饭店，总之要想尽一切办法帮助顾客解决住宿问题。饭店之所以“尽我所能”地提供顾客住宿保障服务，正是因为顾客强烈的住宿保障心理需求。一旦无法落实住宿问题，大多数顾客会被迫取消既定的行程。

**2．满足顾客提前认知饭店、获取信任的心理**

预订过程中，顾客通过预订服务人员介绍的饭店等级、位置、服务项目、收费等情况，进一步认识饭店，并体验饭店的服务水准，提升对饭店的信任度。饭店预订服务应注重掌握顾客的这一心理预期，依据顾客的个性化需求，彬彬有礼、百问不厌，提供细致周到的服务，表现出良好的服务素养和职业精神。

**3．满足顾客获得尊重的心理**

预订服务人员应倾听顾客意见，尊重顾客选择，尽心为顾客着想并当好参谋；在预订结束前，复述关键性的预订信息，获得顾客确认；像老朋友一样关心顾客如何到达饭店，提出是否需要接站、搬运行李服务；在顾客允许的前提下，给顾客发送订房确认书；在顾客抵店前，进行2～3次订房核对。这些服务会让顾客感到服务的可靠和自身的尊贵。

**4．满足顾客寻求便利的心理**

饭店应提供电话、传真、信函、面谈、网络等预订方式，顾客可以选择自己方便的方式订房。

## 三、销售客房的策略

前厅服务人员销售客房技术高超，不仅能使顾客愿意接受预订或客房安排，提高客房出租率，实现客房销售客我双赢，而且使顾客由对服务的信任提升为对饭店的满意，并愿意接受客房以外的饭店其他服务产品，增加饭店综合收入。

**1．准确介绍顾客感兴趣的饭店情况**

顾客感兴趣的饭店情况包括饭店所处的地理位置及交通情况，饭店建筑、装饰、布置的风格与特点，饭店等级与类型，饭店产品价格、相关政策和规定，饭店服务设施、项目及特色，饭店客房情况等。

**2．向顾客传递礼貌的服务**

无论是常客还是新客，对饭店的体验首先从前厅服务人员的仪容仪表和言谈举止开始，所以前厅服务人员应真诚微笑、彬彬有礼、语言礼貌，既能够快捷规范，又善于随机应变。

**3．根据顾客不同的心理提供个性化服务**

顾客有不同的心理预期，如商务顾客不计较房价，对服务标准要求甚高；旅游顾客要求房间舒适、但预算有限；老年人要求客房楼层低或靠近电梯等。

前厅服务人员要善于根据顾客不同的心理预期，提供个性化服务，向顾客做全面介绍，多提建议，以及利用图片展示客房，必要时引领顾客参观客房，做好针对性介绍。

**4．讲究语言艺术，准确描述客房**

前厅服务人员应讲究语言艺术性，注意吐字清楚、语速适中、态度诚恳、表达切题、耐心细致，既按照顾客的想法表述，做好助手、参谋，又能够以行家的身份提出建议，并掌控交谈的走势。前厅服务人员应用顾客熟悉、理解的语言准确描述客房的特色，注意描述生动、满足顾客利益、关注顾客需求兴趣、洞察顾客未言明的需求，如通过描述其他顾客对某客房的美好体验，激起或提升顾客的需求和兴趣。

## 知识链接

饭店前厅不仅是对外服务的窗口、饭店信息中枢，还是饭店给顾客留下第一印象和离店前最后印象的地方。前厅服务的好坏直接影响着顾客的满意度和忠诚度。因此，做好饭店前厅服务创新是赢得顾客的捷径，尤其针对第一次光顾本饭店的顾客，刚踏入饭店的大门，如果让其感受到一些特殊的关怀，则有助于他下榻饭店并且留下好印象。如有些饭店的前厅提供特殊天气特色服务，一些特殊天气，如大风、大雾、冰雹、暴雪等，会对顾客的行程造成影响，同时也会影响饭店前厅服务环境。为回避经营风险，协助顾客合理安排行程，前厅可以启动如下特殊天气服务预案：

1. 在饭店大厅醒目位置不间断播放机场、高速公路的开放和关闭情况，以及市内交通管制措施等。
2. 顾客在退房时，要及时提醒顾客天气状况可能对顾客出行所造成的影响。
3. 通过短信或电话及时通知预抵顾客饭店所在地的天气状况，提醒顾客做好应对措施；如果不能成行，建议顾客及时取消预订。
4. 根据不同天气状况做好应对措施，如防滑、租借物品等服务。
5. 做好顾客因天气变化而产生的交办事宜。

### 课堂讨论

● 饭店在特殊天气状况下采取的一些特色服务，会让顾客产生怎样的心理感受？饭店前厅部还可以通过推出哪些特色服务来满足顾客的心理需求？

# 第二节　住店顾客服务心理分析与待客策略

## 案例学习

周日上午八点左右，北京某星级饭店前厅，几位顾客正在办理离店手续。一位英国来华的史密斯先生，在前台前徘徊，似有为难之事。大堂副理小严注意到这一情况，并记起他两天后才退房离开，便主动上前问候他，并询问是否需要帮助。史密斯先生说："我想去北京故宫游览，而且想乘旅行社的专车去，因为他们一般配有英语导游。"小严问："史密斯先生，那您昨天预订旅行社车票了吗？"史密斯答："没有，因为担心今天的天气不好，结果今天天气还不错，你能帮我联系一下吗？"小严知道，饭店规定，报名旅行社跟团旅游的顾客必须提前一天登记，而昨天没有顾客登记，这样旅行社的车肯定不会来了。

小严想了想，对史密斯先生说："一般情况下，旅行社的车会在八点半左右到饭店来接顾客去故宫旅游，今天他们应该还没有出发，请您稍等，我去问一下旅行社。"史密斯先生一听，疑惑地问道："那你有他们的电话号码吗？""没问题！之前我帮顾客联系过旅行社，记得他们的电话号码，我现在就打电话联系旅行社，如果他们还没发车，就请旅行社开车到饭店来接您。"小严说完马上打电话给旅行社，得知旅行社的车刚开走，前往故宫，旅行社工作人员请小严直接跟车上的导游联系，并将电话号码告知小严。于是，小严又马上跟导游联系，导游同意并说马上将车开到饭店接史密斯先生。小严放下电话，对史密斯先生说："史密斯先生，再过十分钟，旅行社的车就来接您了，请您准备一下。"史密斯先生很感动地连声说："谢谢！你太好了，给我帮了很大的忙。"

**点评：**

上述案例中，大堂副理小严主动为住店顾客史密斯先生提供联系旅行社车辆服务，并且能够在了解住店顾客情况的基础上把握顾客的心理需求，提供令顾客满意的惊喜服务。这正是前厅服务人员对住店顾客进行心理需求分析，并且提供针对性服务的结果。

## 一、住店顾客的心理需求

### 1. 寻求优美的服务语言心理

顾客在住店期间，会希望前厅服务人员能提供完美的服务。由于顾客是离开日常居住环境来到饭店入住，服务人员的语言方式和质量，会直接影响顾客的心理活动。语言是人们沟通信息、交流思想感情的媒介，服务用语的质量能令顾客满心欢喜，也可导致顾客厌恶甚至投诉。

### 2. 寻求娴熟服务技能的需求

顾客在住店期间，也希望前厅服务人员能提供高效高质的服务。这就要求前厅服务人员应熟练掌握证件核验、住宿登记、客房分配、客流统计、财务计算、计算机操作、解答询问、代理服务等技能。例如，总机话务员必须在铃响3次之内接听电话，熟悉饭店主要管理者的声音，对常用电话号码的查询应对答如流，熟练操作转接、留言、叫醒、免打扰等服务。

### 3. 寻求服务员能时刻为顾客服务的需求

顾客在住店期间，会有希望前厅服务人员能主动、殷勤、微笑服务的心理期待，同时还希望饭店能根据顾客的档案，为其提供个性化服务。

**知识链接**

**前厅服务人员观察顾客的方法**

**1. 观察顾客的衣着服饰**

一个人的衣着打扮，可以从侧面反映其文化修养、社会地位、职业特点、性格特点、民族特点、年龄特点、经济状况。前厅服务人员通过观察顾客的衣着服饰，依据所确定的顾客角色，才能提供让顾客称心的服务。前厅服务人员应利用一切可以利用的机会观察顾客，探究顾客的心理需求。例如，前厅服务人员可以利用会议服务的机会，观察顾客，探究其心理需求预期。

**2. 观察顾客的表情**

表情是内心的反映，眼睛是心灵的窗户。例如，前厅服务人员与顾客交谈时，对方的眼睛看远处，表示对谈话不感兴趣；而对方目光害怕与别人目光接触，说明其害羞或心中恐惧。

**3. 观察顾客的体型、肤色**

顾客的体型可以反映其性格和生活的地域差别，如北方人的身材比较高大，而南方人通常较瘦小。肤色可以提供顾客的国籍、职业等方面的信息。西欧、北美洲等国家的顾客肤色较白，非洲、拉丁美洲等国顾客的肤色偏黑，亚洲顾客肤色以黄色为主。从事脑力劳动的顾客在办公室时间较长，肤色较白，而长期在户外工作的顾客则肤色较黑。

4. 观察顾客手势和走路姿态

人的手势可以独立表达或配合语言表达思想，如顾客经常用手势示意需要服务，挥手表示告别等。人的走姿可以反映性格、职业、情绪等特点。例如，顾客步伐较快，不时看表，表明他可能有急事，需要优先安排，并尽可能快捷；又如急性子顾客健步如飞，慢性子顾客走路四平八稳等。

5. 观察顾客的语言特点

一个人说话的内容、口音、速度、行话可以反映其文化修养、性格、职业、籍贯、消费目的。服务人员在服务中，根据顾客们的交谈情况可以了解他们的消费目的，根据顾客口音，可以了解顾客是哪里人，从而尽量满足顾客的吃、住等风俗习惯。

6. 观察顾客随身携带的行李和生活习惯

一般观光旅行顾客行李多为大旅行箱，携带照相机、摄像机等；专家学者行李多为书籍、笔记本电脑等；商务顾客的行李较少，常带公文包；回国探亲的华侨行李较多。不同国家、地域的生活方式、风俗习惯的特点不同，需要服务人员掌握，并通过观察，提供令其满意的服务。

## 二、住店顾客的接待策略

### 1. 有求必应、百问不厌

前来问询的顾客对服务一般有“有求必应、百问不厌”的心理预期。如果前厅服务人员通过热情问候，表达愿意效劳之意，通过认真倾听顾客表述，沟通问询的真实意愿，以及对顾客问询做到百问不厌，则令顾客确信服务的真诚与可靠。例如，顾客在饭店的商务交际活动非常顺利，心情大好，购物和观光的兴趣颇高，前厅服务人员应迅速融入这种愉悦的氛围之中并展开服务，既表达愿意为顾客效劳的心愿，也表明“我就是百事通”而令顾客放心，同时进一步了解顾客的心理需求，为下一步的恰当建议服务做好准备。

此外，在住店期间，顾客可能会通过电话或者亲自到前台进行咨询。服务人员应主动热情地说好第一句话，使服务工作在良好的气氛中进行，让顾客产生亲切、愉快的感觉，留下良好的印象，为以后的服务打下良好的基础。前厅服务人员的语言在内容上应简洁、明确、充实，在语气上应热情、诚恳、有礼，在语音语调上应清晰、悦耳，另外，还要尽可能地多掌握几种外语和方言。前厅服务人员在接待中要杜绝“四语”，即蔑视语、烦躁语、斗气语、否定语，在服务工作中要有“五声”，即欢迎声、问候声、致谢声、道歉声、告别声。这些都是前厅服务人员优美语言的体现。

2. 恰当建议、尊重选择

服务人员不断深入地了解顾客购物、观光的需求，按照顾客对服务有“听到恰当建议、尊重其个人选择”的心理预期，予以满足。

当顾客需要购物，服务人员借助本地旅游地图介绍时，应按照顾客期望的时段、想要购买的商品、购物休闲的兴趣、身体状况、天气等因素，向顾客推荐去处，介绍2～3个购物场所，供顾客参照选择。当顾客犹豫不决时，服务人员可以进一步陈述各自利弊，最后的选择还是要尊重顾客的意见。

当顾客要去景点观光，服务人员借助本地旅游地图介绍时，应按照顾客的观光时间、观光休闲的兴趣、身体状况，以及天气、交通等因素，介绍观光线路，包括所涉及的著名景点、观光特色、景点门票。如果顾客不愿意自助游，服务人员可以介绍信誉较好的旅行社。服务人员可以用图片介绍，并回答顾客的询问，这样能够有效满足顾客“求信息真实可靠”的心理预期。

3. 善解人意、服务完美

顾客在选择理想的购物场所和观光去处时，围绕这些意向，又可能产生新的心理需求。服务人员应做到善解人意、服务完美，满足顾客不断变化的心理预期。例如，顾客购物、观光时，如何前往购物地点或观光地点，服务人员最好在交通图上予以标注，对顾客详细交代。除此之外，服务人员还应告知顾客如何告诉出租车司机目的地、抵达目的地需要的大致时间、外出安全提示，并根据天气建议着装和是否携带雨具，询问顾客第二天是否需要早叫醒服务，向顾客提供饭店电话，供顾客不便时寻求帮助。

服务人员在服务过程中，应善于对顾客进行鉴貌辨色，分析顾客的个性心理，通过感觉、知觉辨别顾客满意度，不断完善服务。

4. 时刻准备、服务高效

顾客在住店期间，都希望前厅服务人员能主动、殷勤、微笑服务。“主动”就是服务人员向顾客提供的每一项服务要在顾客要求之前进行。如前厅服务人员见到顾客进出前厅时要主动打招呼，顾客有困难时要主动协助解决，对顾客的提问要主动回答，服务工作发生一般失误要主动承担责任等。“殷勤”就是热情而周到地关心宾客，嘘寒问暖，关怀备至，积极为顾客提供服务。“微笑”是服务工作的“活广告”，也是饭店服务人员必须具备的职业情感和体态语言。此外，顾客都希望饭店能根据顾客的档案，提供个性化服务。每间饭店的顾客档案一般都记载了常住顾客的个人情况，如姓名、职业、年龄、爱好、生活习惯、忌讳、特殊要求、投诉情况等。这些资料是饭店向顾客提供个性化服务的主要依据。个性化服务不仅使顾客感到自己在饭店受到尊重，自尊心得到充分满足，而且有利于饭店公关营销策略的实施，起到扩大客源市场空间、树立饭店形象的作用。

**课堂讨论**

● 不同的颜色会给顾客带来不同的心理感受，饭店在哪些方面可以运用颜色心理效应来满足顾客的心理需求？

## 第三节　离店顾客服务心理分析与待客策略

**案例学习**

陈先生在某饭店住店期间发现房间的烟灰缸很特别，他很喜欢，于是在退房时把烟灰缸放在旅行箱中带走了。客房服务人员查房时发现少了一只烟灰缸后，马上通知前台报给大堂副理。

大堂副理礼貌地请陈先生到了一处不引人注意的地方，对他说："陈先生，客房服务员在检查房间时发现您的房间少了一只烟灰缸。"陈先生有些紧张，但为了维护面子，拒不承认带走了烟灰缸。大堂副理为了照顾他的面子，对他说："请您回忆一下是否有亲朋好友来过，顺便带走了。"陈先生不耐烦地说："我住店期间根本就没有亲朋好友来访。"这时，大堂副理又给了他一个台阶，对他说："您回忆一下，是否把烟灰缸拿出过房间？"可是陈先生并没有理解。大堂副理只好作进一步暗示，说："以前我们也曾发现一些顾客说烟灰缸不见了，但他们后来回忆起来是放在洗手间了。您是否能上楼看一看，烟灰缸是不是放在洗手间了，您给忘了。"这下陈先生理解了，他赶忙提着箱子上楼，并悄悄地把烟灰缸放回了原处。

一会儿，陈先生见到恭候他的大堂副理，故作生气地说："你们饭店的服务员检查房间也太不仔细了，烟灰缸就放在房间里嘛！"大堂副理不露声色，很有礼貌地说："对不起，陈先生，打扰您了，谢谢您的合作，欢迎您下次再光临本饭店。"同时热情地和他握手道别。

**点评：**

上述案例是目前饭店普遍遇到的离店顾客带走饭店物品但又碍于面子

不愿承认的情况，对于这种顾客，前厅服务人员的一言一行十分重要。例如，上述案例中的陈先生显然是怕别人知道他拿了房间的物品而令他面子过不去，于是怎么也不肯承认拿了烟灰缸。大堂副理为了照顾陈先生的面子，没有当众挑明，而是礼貌地请他到了一处不引人注意的地方，用暗示的口吻提示他自觉把物品拿出来。这样既满足了顾客求尊重的心理需求，又维护了饭店的利益。由此可见，前厅服务人员需要把握离店顾客的心理需求，并且能够向顾客展现高水平的服务策略。

## 一、离店顾客的心理需求

顾客离店时，一般都有求方便快捷、人性化、求尊重的服务心理。比如离店顾客会有要求结账迅速、快速办理退房手续的心理预期，并希望前厅能提供给他们前往下一站目的地的交通协助，完成其代办事务。因此，离店顾客希望饭店相关服务人员能够善解人意，服务到位。饭店服务人员应把握离店顾客的心理需求，提供优质服务，为顾客留下美好的最后印象，提高顾客的“回头率”。

## 二、顾客离店时的服务策略

**1．尊重顾客，表达希望顾客再次光顾的诚意**

离店时，有的顾客自行前来办理离店手续，有的顾客原定退房时间已到，没有提出续住需求。这种情况下，饭店前厅服务人员应尊重即将离店顾客，如礼貌致电询问是否续住，以及提醒办理离店时间和手续等。此外，顾客离店时也有可能因各种原因带走了酒店房间内的固定用品，前厅服务人员应向顾客礼貌转达情况，并注意询问顾客的方式，时刻关注顾客求尊重的心理需求。前厅服务人员除了应该熟练掌握结账的操作程序，还应努力培养良好的服务意识，优化服务态度。良好的服务意识集中表现的一个重要方面就是对客服务主动。

此外，顾客有时比较着急赶去下一个目的地，如果排队人数较多，前厅服务人员结账速度较慢，顾客可能会向前厅服务人员发脾气，虽然前厅服务人员没有过错，但应该表示理解和宽容，合理引导顾客，注意不要与顾客发生正面冲突。

**2．满足顾客求方便快捷的心理需求**

由于顾客希望能够迅速离店，因此，前厅服务人员应该按照饭店相关规定，催促客房部查房服务人员快速查房，提高结账退房效率，减少顾客等待时间。同时，前厅服务人员可根据顾客离店情况，提前安排叫醒服务、行李服务等，或者提供给顾客前往下一站目的地的交通协助，完成其代办事务等，为顾客提供方便。

如顾客即将离店，饭店应预先跟顾客沟通，询问其是否需要行李服务，是否需要安排出租车，是否有其他交办服务等。为了使服务准确无误，饭店一般应形成叫醒、结账、行李搬运、叫车等系列服务预案，前厅部各岗位协作服务。其中，礼宾部应按照顾客离店时间，提前10分钟去房间收取行李，进一步按照顾客的吩咐提供服务；在顾客结账的同时，安排出租车在饭店门外等候；在完成行李装车过程后，请顾客核对行李数量，查看行李是否完好，令其放心；在服务过程中，儿童出入电梯、经过饭店大门、上车时，应格外关照；当出租车离开饭店时，应挥手热情相送，并目送车辆远去。这样，离店顾客感受到事事如意、顺畅愉快、备受重视，体验到的是服务的及时、用心。

**3．提供超常服务和延伸服务**

饭店前厅的超常服务和延伸服务，主要是在常规服务基础上，为顾客提供的一种额外的服务。所谓超常服务，就是以超出常规的方式为满足顾客偶然的、个别的、特殊的需求而提供的例外服务，这种服务一般可超出顾客的期望，给顾客一份意外的惊喜，最容易给顾客留下美好的印象，也最容易赢得顾客对饭店的青睐。例如，顾客在饭店前厅使用计算机，服务人员看见顾客因为没有鼠标垫而苦恼，这个时候及时给顾客送来鼠标垫。所谓超前服务，是指服务人员善于急顾客之所急，想顾客之所想，往往在顾客提出要求之前，就满足了顾客的需要。例如，在下雨天，顾客出门但没带雨伞，刚想开口询问前厅服务人员，服务人员已经把伞准备好，送到顾客面前。正因为具有超前性，超前服务能给顾客带来更强烈的欢悦，甚至于终生难忘。这些服务能够使顾客在心理上产生一种物超所值的感受，给他们带来意外的惊喜。

**课堂讨论**

- 假设你是一名饭店前厅服务人员，谈谈饭店应该提供哪些超常服务？

## 思考与练习

1. 顾客来到饭店前厅时的心理需求有哪些？
2. 做好预订服务的策略有哪些？
3. 如何从把握顾客心理需求角度来做好房间销售工作？
4. 顾客住店期间的心理需求有哪些？
5. 顾客住店期间的待客策略有哪些？
6. 顾客离店时的待客策略有哪些？

# 第三章 客房服务心理分析与待客策略

饭店的客房是人们旅行途中的栖息之地，多数顾客在客房停留时间较长，对客房服务的体验更为深刻。因此，客房服务应力求提供超越顾客心理预期的服务，使每一位顾客能够感受像家一般的温馨舒适。这就需要饭店不断研究顾客的心理需求，关注顾客的心理预期，并成功运用待客策略。

## 学习目标

☆了解来店顾客服务心理分析与待客策略。

☆掌握住店顾客服务心理分析与待客策略。

☆掌握离店顾客服务心理分析与待客策略。

## 第一节　来店顾客服务心理分析与待客策略

**案例学习**

2015年情人节那天，北京某五星级酒店接到顾客预订入住通知，顾客为新婚夫妇，女顾客特别不喜欢白色的床上用品和饭店提供的一次性拖鞋。饭店客房部的周经理立刻通知负责该房间客房服务的服务人员小张，并与小张一起为顾客布置房间：把窗帘换成粉红色的，以增加喜庆气氛，把原来白色的床上用品更换为专为VIP顾客准备的个性化红色印花床上用品，并且在床中间用新鲜的玫瑰花瓣铺成心形，把房间一次性拖鞋改为家庭常用拖鞋，并在卫生间进行了精心布置，最后还留下了心形温馨提示卡。

当这对新婚夫妇打开房门时，客房内的布置使他们欣喜若狂，顾客李先生只不过在预订房间时随便交代了几句，没想到饭店铭记于心，专门为他们布置了客房，住店期间也得到了客房服务人员贴心的服务。临走时，这对夫妇特意找到饭店总经理，对饭店给予的温馨服务表示感谢，并深情地说，饭店就是他们在北京的家，以后有机会，他们还会到这家饭店来做客。

**评析：**

上述案例中，顾客李先生夫妇特意找到饭店总经理，对饭店给予的温馨服务致以感谢，并成为该饭店的忠诚顾客，主要原因在于客房部针对顾客的需求进行的个性化服务，给顾客留下了美好的第一印象，使顾客得到了心理上的最大满足。因此，客房部的服务人员一定要掌握顾客到来前的需求以及到达时的心理需求，并提供针对性的服务，这样才会事半功倍。

### 一、来店顾客进入房间的心理需求

顾客即将入住客房，意味着他们由接受前厅服务转向接受客房实物产品和客房综合性服务，这一阶段的顾客对迎接陪同、客房是否舒适、服务是否贴心有美好的心理期待。

## 二、客房跟进服务的待客策略

顾客刚刚进入客房，稍有生疏或冷清之感，此时，服务人员应能够及时提供礼貌茶服务，真心诚意地嘘寒问暖，满足顾客求尊重、求亲情、求友情的心理预期。值得注意的是，如果服务过度甚至打扰到顾客，则会令顾客感到不快，进而生厌。

**1．重视客房环境布置**

虽然客房的布局、装饰、灯光、客用品、礼品摆放等均经过饭店统一设计，受到大多数顾客的喜爱，但顾客的个性化心理需求给服务人员在客房布置时的再设计留有较大的空间。因此，服务人员在客房环境布置上应力求做到以下几点：

（1）视觉上赏心悦目

影响顾客对客房视觉感受的因素较多，服务人员能够做到的是，在顾客所见之处清洁整齐的基础上，突出客房窗帘布置、床品铺设、客用品摆放、灯光调节、房内礼品摆放的艺术性，这些是满足甚至超越顾客心理预期的服务元素，令顾客愉悦、惊喜。

顾客白天入住时，厚窗帘拉开，以半透薄窗帘装饰并调节房内光线，可以形成具有一定艺术造型的装饰，晚上则拉上艺术感较强的厚窗帘。客房床品的艺术表现力在于床面比较宽阔、纹理一致，枕头、睡衣以方便顾客使用并兼具艺术性为原则摆放，客用品摆放独具匠心。灯光应强调艺术效果的渲染，白天客房廊灯和卫生间灯光开启，晚间还应加开落地灯，制造温馨浪漫的情调。赠送的鲜花水果、香槟酒等礼品，应注意摆放成顾客喜爱的艺术造型。

（2）触觉上放心称心

顾客进客房后，可能会有意触摸一些地方，体现出顾客在这方面对客房有较高的心理预期。例如，顾客随手关门，应感觉房门结实、开关自如，既安全又方便；触及洗手池台面，应感觉光滑、一尘不染；触及床品和卫生间的毛巾，应感觉柔软、富有弹性；打开水龙头，应感觉水流顺畅，水温调节非常灵敏；使用房内电开关、插座，应感觉灵敏、安全、完好。服务人员进行客房清洁整理时应格外留心这些细节，客用品出现破损应立即更换或报修，令顾客放心、称心。

（3）嗅觉上清新甜润

初入客房，体验到一个新的环境，顾客总能够本能地、敏锐地通过嗅觉感知其中的气味。如果出现令人不适、不舒服的气味，顾客会表现出不开心、不满意的态度。客房服务人员在服务中应掌握顾客的生理需求和心理预期，及时对客房进行清洁整理，保证客房的气味清新甜润。

客房服务人员在进行客房清洁整理时，应严格遵守服务规程，运用有效的服务策略，避免客房出现异味。例如，清洁整理时，在查看客房状况阶段，就应该注意客房有无异味，做到心中有数；操作阶段应先开大空调，提高通风量，在完成其他工作的同时，延长客房通风换气时间，先撤床品，延长床垫、褥垫、被子的透气时间；如果客房残留退房顾客使用过的香水、特殊食品的气味，应适当延长通风时间，直到客房空气清爽为止。

**2．提高服务人员跟进服务的策略**

客房是顾客在饭店停留时间最长的地方，也是其真正拥有的空间，顾客希望饭店能够提供一个清洁卫生、安静舒适的休息环境，因此，整洁、安静是所有顾客对客房的基本心理需求。对客房清洁卫生的要求是顾客普遍的心理状态，客房服务人员的主要工作职责之一就是整理客房，做好清洁卫生工作，做到客房内外清洁整齐，使顾客产生信赖感、舒适感、安全感，能够放心使用。一般情况下，清理客房要趁顾客不在客房时进行，如果顾客有特殊要求，可以随时灵活处理。另外，饭店可以采取一些措施，增加顾客心理上的安全感，例如，在清理后贴上“已消毒”标志等，会起到一定的心理效果。

饭店可以从防止噪声和消除噪声两方面入手，保持客房的安静。客房必须做到硬件本身不产生噪声，房门与墙壁要保证隔声性，能最大限度阻隔噪声的传入。服务人员在服务过程中也不能产生噪声，要做到“三轻”，即走路轻、说话轻、操作轻。

**3．重视客房服务设施建设**

为了满足顾客对客房服务设施的心理需求，饭店应该根据自身的星级标准和资金条件，为顾客提供良好的服务设施。首先，客房设施配备必须齐全，其次，设施质量必须优良。另外，饭店在布置客房设施时一般应遵循两个原则，即实用和美观。首先是要实用，一切从方便顾客的角度出发，灯光的亮度、镜子的高度都要适宜。其次，在实用的基础上还要注意美观，讲究情调，给顾客一种美的感受。一些匠心独具的饭店还会通过客房设施的布置来体现饭店所在地域的文化特征，如艺术品的陈设、雕塑的摆放、不同家具和地毯的选用等，因为不同文化背景和不同地区的差异会通过这些物品鲜明地表达出来，从而给人以强烈的视觉冲击。

**课堂讨论**

● 针对不同的客源市场，根据特定客源市场群体的心理需求来设计饭店产品，你觉得有哪些特定客源市场有待开发？

# 第二节　住店顾客服务心理分析与待客策略

## 案例学习

来自德国的安妮小姐对房间的卫生要求很高，几乎到了苛刻的程度，而且疑心较重，稍有不慎都会引起她强烈的反应。例如，她要求进入房间的所有人必须脱鞋，换上一次性拖鞋；她只用自己随身携带的杯子；房间卫生清扫时，服务员必须戴手套；床上不能有一根毛发等。

一天，房间洗手间的电热水器出现了故障，安妮小姐打电话给房务中心要求维修。服务人员立即通知了工程部，一会儿，电工小陈来到了房间门口。当开门的安妮小姐看到挎着电工包的小陈时，脸上露出不悦之色，不让小陈进去，并指着他的工作服及电工胶鞋，不停地摇手。比划了半天小陈才明白，安妮小姐嫌他工作服上有灰尘，要求他换上新的工作服，并换上一次性拖鞋才能进房。小陈犯难了：换新工作服没问题，但不穿胶鞋是非常危险的。小陈看到自己实在很难解释清楚，只得向客房服务人员小芬求救，请她帮忙解释，希望安妮小姐能够谅解。

小芬心想，安妮小姐性格偏执，再这样一味地向她解释下去也是徒劳的，只有另想办法。小芬考虑了一下，然后来到顾客房间说："安妮小姐，为了保证安全，电工在操作时必须穿上胶鞋，他不是要有意打破您的习惯，这点首先请您原谅。您看这样行不行，让小陈回工程部换上新的工作服，并且拿上一双新的胶鞋，进房间换上。等修理完后，我们立即为您的房间进行彻底的清洁，您看如何？"安妮小姐思考后认可这个建议。一切都按照计划进行，大家耐心周到、尽心尽力的服务，终于感动了安妮小姐。维修结束后，安妮小姐特地打电话到房务中心，感谢饭店提供细心周到的服务。

**点评：**

上述案例中的安妮小姐对客房服务的要求特别严格，甚至有一些要求不通情理，但客房服务人员小芬却能理解顾客的心理需求，并且通过其他有效的途径灵活处理，满足顾客的要求。对于在饭店住店的顾客，服务人员需要掌握其心理需求，并且提供能够满足甚至超越其心理需求的服务。

## 一、顾客住店期间的服务心理需求

### 1. 寻求安全感的心理需求

客房安全是客房服务工作的一项十分重要的内容，客房安全工作的目标就是保证顾客在饭店住店期间的人身安全、财产安全不受侵害。因此，饭店客房安全管理工作应该贯串于客房接待服务过程的始终。顾客住进客房，希望前台有贵重物品保管业务或客房有保险柜，能保障其财产安全，并希望饭店客房安保周密，能保障其人身安全。顾客不希望自己的钱财丢失、被盗；不希望自己的一些秘密泄露出去；不希望发生火灾、地震等意外事故。顾客还希望在喝醉酒、生病或出现危险情况时，服务人员能及时采取措施，保障他们的人身安全，不出意外。

**知识链接**

目前，许多饭店为满足顾客求安全的心理，要求做到以下几点：

1. 设有贵重物品保管服务，并在客房中设有供住客使用的私人保险箱。
2. 服务人员需要提高警惕，配合保安人员防止不法分子进入客房偷窃顾客的物品。
3. 服务人员在收拾房间时，不能乱动顾客的物品，除丢在废纸篓内的东西外，不能随便扔掉顾客的物品，以免发生误会。
4. 在顾客喝醉酒时，服务人员一定要采取合理措施，照顾顾客至恢复清醒，防止顾客发生危险。
5. 当发现顾客生病时，不能自作主张给顾客吃药，要与饭店医务室的医生联系，或请示上级，送顾客到附近医院治疗。
6. 在发生火灾、地震等突发事件时，一定要先为顾客着想，想办法将顾客转移到安全的地方，保证顾客生命安全。
7. 为满足顾客求安全的心理，饭店工作人员不应该随便向外人泄露住客的情况。

### 2. 寻求“宾至如归”感受的心理需求

在激烈的市场竞争中，饭店要想留住顾客，使顾客体验到“宾至如归”的感受，就应该努力满足顾客各方面的需求。求方便、怕麻烦是每一个出门在外的人都会有的心理活动。顾客入住后，都希望生活上十分方便，要求饭店设备齐全、服务项目完善，任何需要都能通过饭店的服务得到及时解决，并且住店能够像在家一样方便、温馨。

**知识链接**

澳大利亚的许多饭店，为了更好地尊重顾客的隐私，做了如下规定：

1. 将新的顾客隐私规定公布在饭店的前台和饭店的网站上。

2. 对于利用顾客信息进行的销售活动，必须事先征得顾客的同意，最好的方法是在登记入住卡上增加相应的选项，如顾客不希望个人信息被饭店使用，就在相应的确认栏中打钩。

目前，在我国饭店业中还没有如此详细地保护顾客隐私的做法，但是随着我国旅游饭店业的逐步国际化，应该借鉴国际上的一些惯例，加强对顾客隐私的保护与尊重，让顾客更加放心。

## 二、顾客住店期间的待客策略

**1．尽量少打扰顾客**

客房就是顾客的“家外之家”，饭店服务人员应营造和维护安宁、温馨、舒适的环境，不能一直以服务名义干扰顾客，不断进出客房，应按酒店规定的进出客房次数来为客服务。在实际服务中，如果掌握顾客的心理需求，围绕或超越顾客的期望，完成相应的客房服务，并尽量少打扰顾客，就会使顾客满意、称心。

例如，顾客是一位“每天早晨7点半准时起床，8点半以前用完早餐，9点以后进行商务活动，要求提供房间内会务服务”的商务人士，服务人员在早晨7点半到8点半之间对客房进行清洁整理，恢复客房如新，在顾客回房之前，房内洽谈准备就绪，就连室外休闲区也进行整理布置。当顾客在房内体面地接待他的生意伙伴之余，对饭店的服务当然会感到非常满意。饭店能够善解人意，迅速完成了工作量不小的客房服务，而且对顾客没有丝毫的打扰，是顾客意想不到的，很显然，这样的服务会超出顾客的心理预期。

**2．满足顾客求尊重的心理需求**

首先，服务人员要尊重顾客的生活、工作、休闲习惯。一是尊重顾客生活、工作、休闲的作息时间习惯，重点掌握顾客起床、用餐、商务活动、下午茶和各种休闲活动的时间段，尽可能选择顾客不在房间的时段进行客房清洁整理。如果顾客在房间内，应询问进行客房服务是否方便；若顾客表示不方便，应预约服务时间，避免打扰顾客。二是尊重顾客生活、工作、休闲的个性习惯，如进行客房整理时，应保持顾客阅览的书籍、杂志所翻开的状态；发现顾客晚上睡觉习惯加高枕头，应予以满足；观察顾客使用房内迷你酒吧、冰箱的饮品，以及其他客用品的情况，在补充客用品和商品时应按照顾客喜好进行增减。

例如，有些顾客需要每日送报，有些顾客每日品尝下午茶，有些顾客喜欢吃水果，这些习惯应一一满足。不仅如此，服务人员还要随着服务的深入，发现顾客更多的需求，更细致地把握顾客心理预期，进一步完善服务。

其次，客房服务人员应该从内心深处具备尊重顾客的服务意识，如面对顾客时，要使用尊称，最好记住顾客的姓名，对顾客使用礼貌用语等。在饭店内遇到顾客时，要主动打招呼，并让顾客先行。尊重顾客对客房的使用权，当顾客在客房接待前来拜访的朋友时，应该同样尊重他们，并为他们提供服务。尊重顾客的喜好、生活习惯和习俗，为有生理缺陷的顾客提供方便。

再次，客房服务人员应该用实际行动来体现对顾客的尊重，在为顾客提供服务时要做到主动、热情、周到、耐心。“主动”是指服务于顾客开口之前，其具体要求包括：主动迎送顾客并帮提行李，主动与顾客打招呼，主动介绍服务项目，主动为顾客引路开门；主动帮顾客按电梯按钮，主动照顾老弱病残顾客，主动征求顾客的意见等。“热情”是指在客房服务过程中态度诚恳、热情大方、面带微笑，具体要求包括：在仪容仪表上要着装整洁、精神饱满、仪表端庄；在语音语调上要清楚、准确、亲切、柔和；在行为举止上要有乐于助人、帮助顾客排忧解难的精神，恰当运用形体语言。“耐心”是指根据各种不同类型顾客的具体要求提供优质服务，具体要求包括：工作繁忙时不急躁，对爱挑剔的顾客不厌烦，对老弱病残顾客细心照顾，顾客有意见时耐心听取，顾客表扬时不骄傲自满。“周到”是指要了解不同顾客的生活喜好，掌握顾客生活起居规律，了解顾客的特殊要求，有的放矢地采用各种不同的服务方法，提高服务质量。

此外，客房服务人员应该尊重来访顾客，对访客热情招呼，礼貌地要求他们办好来访手续。一般应征得住客本人同意，才能带他们进入住客的房间。来访的顾客进入房间后，客房服务人员应当及时给来访者送茶，并适当增加椅子，以示热情招呼。

**3．善解人意，温馨贴心**

顾客旅行在外，人地两生，问询、借物、委托代办、房内会晤、房内商务活动等成为顾客经常性的需求，住店顾客对服务有善解人意、温馨贴心的心理预期。服务人员提供服务时，首先应通过酒店信息系统掌握顾客以往的需求信息，通过与顾客沟通和服务观察，明确顾客的需求，准确理解顾客的需求表达，不仅完成分内的服务，还要力争完成超常规服务。例如，客房服务人员为顾客将电视频道调到中央一台，之所以能够注重这样的细节，是顾客打开电视就关注这一频道的习惯，被服务人员细心捕捉到的结果。

### 4. 满足顾客求方便的心理需求

为满足顾客求方便的心理需求，服务人员的工作要做到热情、主动、周到，在可能的情况下，要热情地满足顾客提出的要求，不应厌烦。例如，顾客可能会提出代煎中药、送餐进房、擦皮鞋、代邮寄物品，以及代购机票、车票、船票等要求，服务人员都应设法满足。饭店也可以在客房内合适的位置准备生活用品，如在房间的书桌上准备专用信笺、信封和介绍饭店各部门情况的资料，在抽屉里准备针线包等，这些也都能让顾客感到便利服务的存在。一些饭店为了使顾客有“宾至如归”的感受，让他们感受到饭店没有什么办不到的事情，还提供了专门为顾客解决困难的金钥匙服务，其目的就是让顾客对饭店产生依赖感，并逐渐建立起对饭店的忠诚度。

### 5. 注重客房服务礼节礼仪

客房服务人员称呼顾客时要使用尊称和礼貌用语，包括：对顾客要称呼“先生”“女士”；对知道学位、军衔、职位的顾客要在“先生”或“女士”之前冠以职衔，如“博士先生”“上校先生”“经理先生”“船长先生”“团长先生”等；对大使或部长等高级别官员，在官衔之后往往还加上“阁下”二字，以表示尊重。当顾客从前台到客房时，服务人员应在楼层电梯口迎接，微笑着问好，表示欢迎。一般顾客对服务人员的热情欢迎都会十分高兴。这样做既可以满足顾客求尊重的需求，也可以满足他们希望被容纳、希望受欢迎的社会交际需求。同样，在饭店内迎面碰到顾客时，服务人员应当主动向顾客问好并让道；当顾客要乘坐电梯时，服务人员帮忙按电梯，也可以表示对顾客的尊敬之意。

### 6. 尊重有生理缺陷的顾客

有的服务人员见到一些有生理缺陷的顾客，往往喜欢评头论足，这是非常错误的做法。一般有生理缺陷的人会有很强的自卑感，怕被人看不起。这种自卑感实际上是人的尊重需求长期得不到满足而形成的。他们对嘲弄自己的人十分反感，甚至会采取报复行为。残疾人特别需要别人的尊重和帮助，服务人员能做好这方面的工作，就恰好满足了他们的需要。

## 知识链接

日本政治家野田圣子曾经是日本内阁中最年轻的成员，也是唯一一位女性大臣。然而有谁能想象得到，她的事业起点却是从喝厕所水开始的呢。

野田圣子的第一份工作是在帝国饭店当客房服务员，在培训期间负责清洁厕所，每天都要把马桶抹得光洁如新才算合格。可是她从未做过如此脏累的工作。因此，第一天伸手触及马桶的一刻，几乎呕吐，甚至在上班不到一个月时便开始讨厌这份工作。有一天，一名与野田圣子一起工作的前辈在清洁马桶后居然伸手盛了满满一杯厕所水，并在她面前一饮而尽，理由是向她证明经他清洁过的马桶干净得连水也可以直接饮用。

这件事令野田圣子非常震撼，通过反思，野田圣子认为自己的工作态度有问题，根本没资格在社会上肩负起任何责任，于是对自己说："就算一生要洗厕所，也要做个洗厕所最出色的人。"

结果在训练课程的最后一天，当她清洁马桶之后，也毅然喝下了一杯厕所水，并且这次经历成为她日后做人、处事的精神力量的源泉，成为推动她事业成功的情感力量。

**课堂讨论**

- 上述野田圣子从事饭店客房服务员工作的经历给你什么启发？饭店服务人员在顾客住店期间还应该提供哪些超值服务？

## 第三节 离店顾客服务心理分析与待客策略

**案例学习**

杭州某饭店中，一位四十来岁的顾客李先生提着旅行包从512房间匆匆走出，走到楼层中间拐弯处服务台前，将房卡放到服务台上，对值班服务员说："小姐，房卡交给您，我这就下楼去总台结账。"

不料服务员小余不冷不热地告诉他，"先生，请您稍等，等查完您的房后再走"，一面立即拨电话召唤同伴。李先生顿时很尴尬，心里很不高兴，只得无可奈何地说："那就请便吧。"这时，另一位服务员小赵从工作间出来，走到李先生跟前，将他上下打量一番，又扫视一下那只旅行包，李先生觉得受到了侮辱，气得脸色都变了，大声嚷道："你们太不尊重人了！"

小赵也不搭理，拿了房卡，径直往512号房间走去。她打开房门，走进去不紧不慢地查房：从床上用品到立柜内的衣架，从冰箱里的食品到盥洗室的毛巾，一一清查，还打开电视机开关看看屏幕。然后，她离房回到服务台前，对李先生说："先生，您现在可以走了。"李先生早就等得不耐烦了，听到了她放行的"关照"，更觉恼火，待要发作，又想到要去赶飞机，只得作罢，带着一肚子怨气离开饭店。

**点评：**

客房服务人员在顾客离店前应检查客房的设备、用品是否受损或遗窃，以保护饭店的财产安全，这本来是无可非议的，也是服务人员应尽的职责。然而，上述案例中服务员小余、小赵的处理方法是错误的，他们没有细心观察即将离店的顾客李先生，没有充分把握顾客当时的心理活动需求，并随便阻拦顾客，对顾客投以不信任的目光，这是对顾客的不礼貌，甚至是一种侮辱，从而导致饭店遭受流失顾客的损失。因此，客房服务人员一定要学会分析、观察顾客的需求，并且以满足顾客心理需求为出发点，为顾客提供满意的服务。

## 一、顾客离店时的服务心理需求

顾客离店阶段，主要的对客服务转由前厅承担，客房服务看起来变得轻松，许多服务细节容易被忽视。甚至有人认为，顾客离店之际，对客房服务已无心感受，其实不然。客房服务与顾客的感受始终发生交互，服务无小事，服务细节决定成败，离店顾客对客房服务的需求仍然具有较高的心理预期。

**1．高效服务需求**

完美的客房服务应表现在顾客从入住到离开的各个细节始终如一、尽善尽美。当顾客即将离店之际，服务人员还要一如既往地细心细致，处处替顾客着想，令顾客以深受饭店欢迎的心情离开饭店，并留下特别美好的印象。

**2．超前服务需求**

任何顾客都希望饭店能给他们提供超前服务。所谓超前服务，就是饭店能在顾客提出服务需求之前满足顾客的需求。由于大部分离店顾客都是要计划下一个目的地或者行程任务，因此，在离店之际，顾客希望客房服务人员能够提供叫醒或提醒服务，或者提着行李打开房间时就能看到客房服务人员在门口准备帮忙，或者走向电梯时看到客房服务人员已经帮顾客按好电梯按钮，或者打包行李发现缺乏袋子时，客房服务人员已经送来。

## 二、顾客离店时的待客策略

**1．贴心服务**

饭店应清楚即将离店顾客的情况，协助其完成未尽事宜，以便顾客顺利离店。在这个时候，顾客对细致贴心的客房服务有较高的心理预期。服务人员应根据“次日离店顾客名单”，提前与顾客沟通，核对每位顾客次日离店的确切时间，做好后续的服务计划；主动询问有无代办、问询、叫醒等事宜需要服务；征询顾客对酒店服务的满意程度，及时提供服务或协调解决。

**2．真情送别**

当顾客对饭店服务非常认可的时候，他同样也希望饭店管理和服务人员所表现的热情、尊重、贴心是发自内心的。所以在顾客离店的那一刻，服务人员真情送客的服务细节，就成为顾客这些美好愿望的印证。

对于特别重要的顾客，可由主管以上领导携服务人员来到客房为其送行，表现出对顾客的重视和应尽的礼遇。服务人员面对离店顾客，应在表达祝愿之余，关切地提醒顾客携带好随身物品，热情送客至电梯口，再次祝愿顾客，并欢迎其下次光临，目送顾客乘电梯离开。

**3．做好查房服务**

当顾客离开后，服务人员应迅速查房，主要检查顾客有无遗留物品，发现后应及时归还，确保顾客愉快地踏上旅途。

（1）认真查房，尊重顾客

查房是饭店服务人员在工作过程中必须掌握的一项基本技能，必须做到细心，有责任心，了解和爱护房间内的设施设备及物品。通常查房时首先查看房间内设施设备是否齐全，有无损坏；其次是检查房间内有无顾客遗留物品，无论是何种顾客遗留物品都必须通知前台告知顾客；然后再检查顾客是否有消费情况并通知前台；最后检查床单等物品是否有污损。虽然客房服务人员查房时间很短，但一定要认真对待，发现顾客的遗留物品要及时通知并归还顾客，这也体现了对顾客的尊重。

（2）迅速查房，方便顾客

顾客在退房时，服务人员需要进行多方面的检查，并且前台收银员也在等待服务人员的查房通知，才能与顾客结清住店费用。因此，为了方便顾客，客房服务人员在查房时一定要迅速，并以专业姿态来完成查房工作，在完成查房后一定要第一时间通知前台，不要拖拉而耽误顾客的时间。

## 思考与练习

1. 来店顾客进入客房的心理需求有哪些？
2. 为满足来店顾客对客房环境的心理需要，应该如何进行跟进服务？
3. 顾客在住店期间的服务心理需求有哪些？
4. 顾客住店期间的待客策略有哪些？
5. 顾客离店时的待客策略有哪些？

# 第四章 餐厅服务心理分析与待客策略

**餐饮是顾客对饭店需求的核心项目之一，随着生活水平的提升，人们对餐饮服务品质的需求越来越高。由于生活背景、文化层次、经济地位和饮食文化的差异，顾客在菜品品质、就餐环境、就餐氛围和服务方式等方面的需求千差万别，因此，服务人员应该依据顾客的个性化心理需求，有针对性地运用待客策略，力求顾客满意甚至惊喜。**

## 学习目标

☆了解宴会准备服务心理分析与待客策略。

☆掌握宴会期间服务心理分析与待客策略。

☆掌握零点服务心理分析与待客策略。

# 第一节　宴会顾客服务心理分析与待客策略

**案例学习**

某饭店接待宴会较多，有一天同时接待了两家婚宴，在婚礼前后都未出现任何差错，就在婚礼用餐完毕后，饭店方婚宴接待负责人小王引领新郎和新娘到吧台结账。当小王带着两位新人走进一楼大厅时，发现服务员小刘正在小心翼翼地拖地，地面是大理石材质，非常光滑。小王心想并无大碍，于是口头提示了一下顾客，就领着二位新人走了过去，不曾想到拖把不小心弄脏了新娘的白色高跟鞋。新娘愤怒地说："你们这是什么服务啊，顾客还没有走，你们就开始搞卫生，还把我的新鞋弄脏，这多不吉利啊，你们今天必须给我一个解释，要不我们今天就不结账了。"虽然这个事情在大堂副理的努力协商下解决了，但是顾客决定以后不会向任何朋友介绍这家饭店，同时，宴会前期的全部努力因为这个事件而白费了。

**点评：**

上述案例中，宴会的前期准备工作和宴会期间的服务工作都做得很到位，但却因为一个小细节做得不够到位，令顾客十分不满意。餐饮部的服务人员需要知道，宴会后的服务也是宴会的重要组成部分，甚至是直接影响到顾客评价的关键阶段。因此，服务人员应该始终做好对客服务，并根据顾客需求提供有针对性的服务，做好宴会接待工作。

## 一、宴会准备阶段

宴会既是人们在饭店有目的、有组织的聚餐，又是一种高品位的社交活动。一般情况下，宴会有鲜明的主题，如商务宴会、欢迎宴会、庆功宴会、喜宴、寿宴等。宴会具有赴宴顾客众多、同一时段集中赴宴、影响力较大的特点，以至于宴会服务成为饭店塑造和维护品牌的契机，成为顾客实现宴会主题目的和寻求更好的人际交往愿望的契机，深受顾客和饭店的重视。

1．顾客的心理需求

虽然这个阶段，顾客还没有来到餐厅参加宴会，但已经对餐厅的档次、规模等有了深入的了解，要求宴会的设计与用餐环境能够主题突出、安全舒适、美观和谐。在顾客未到达餐厅前，也会产生餐厅应当提供的配套服务心理需求。

2．待客策略

（1）重视宴会环境搭配

宴会的整体设计要有一个明确的主题思想，或高贵、或典雅、或古典、或庄重、或现代。色彩也要依据宴会设计的主题来选定。在选择色彩时，要了解不同的色彩所产生的心理效果。宴会厅在色彩上的设计应稳重、大气，不应使用过多的颜色。为了表现强烈的气氛，可以多使用深红色、金黄色等暖色系，给人宽敞明亮的感觉。

**知识链接**

**色彩对顾客用餐心理的影响**

色彩心理是客观世界的主观反映。不同波长的光作用于人的视觉器官而产生色感时，必然导致人产生某种带有情感的心理活动。

心理学实验表明：在一般情况下，菜肴在黄色灯光的照射下会显得十分鲜嫩可爱，也更容易使顾客食欲大振，但是同样的菜肴食品，在蓝色灯光下却会呈现出腐败变质的状态，严重影响人的食欲。因此，餐厅内灯光的设计对就餐者情绪的影响是非常大的。对于中餐而言，较为适宜的颜色应以暖色调为主，如红色和黄色，可以营造出一种温暖热情和欢乐喜庆的进餐环境，满足顾客热烈兴奋的心理需求。而西餐厅则可以采用一些较为简洁的白色和浅褐色灯光，以衬托出简洁明快、富有现代感的进餐氛围。

宴会环境布置因素包括灯光设计与布置、鲜花布置、背景音乐的选择、墙壁和立柱的美化、舞台的布置、空间布局等。建立良好的视觉环境和听觉环境尤为重要。环境卫生直接影响到顾客的心理感受，宴会厅应保持地面无污渍、无杂物，门窗、墙壁、服务台、餐具干净，物品摆放有序，空气清新无异味等。

宴会厅布置好后，进出口指示图要醒目（见图 4—1）；餐桌之间间隔距离要适当，通道和座次安排要合理、方便、易于识别（见图 4—2）。

（2）做好开宴前检查工作

在服务准备阶段，应做好开餐前的检查工作。开宴前的检查包括餐桌检查、卫生检查、安全检查、设备检查等，最大限度保证宴会顺利进行，万无一失。

图 4—1　宴会厅进出口指示图

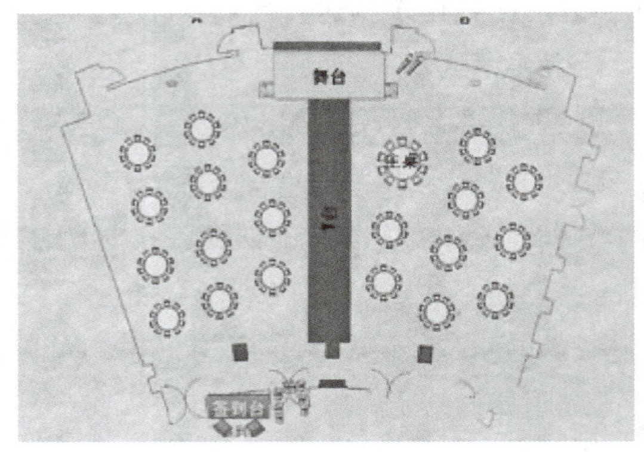


图 4—2　宴会厅平面设计图

（3）做好服务准备

对于大型宴会，应根据宴会要求确定饭店人员安排，对迎宾、值台、传菜、酒水供应等岗位进行具体分工，落实到人。饭店服务人员应熟悉宴会菜单，做好菜肴服务并解答顾客的各种疑问，根据菜单要求准备好各类服务用具、酒水、小毛巾等，为接下来的宴会服务工作做好充分的准备。

宴会服务具有一次性特点，一旦出现失误难以弥补，为了让服务人员充满信心，能够娴熟优雅、有条不紊地完成宴会服务，大型宴会对客服务应事先设计和彩排。

## 二、宴会进行阶段

顾客对在饭店举办的宴会充满美好的心理预期，希望宴会气氛热烈，能够感受到环境高雅华贵、菜品特色绝佳、服务精心精致，这不仅与宴会设计布局阶段的工作水平有关，也与宴会对客服务水准密不可分。

**1．顾客的心理需求**

（1）希望提供优质宴会服务的心理需求

由于宴会顾客用餐时间一般比较集中，因此，在顾客用餐期间，对高效优质服务会产生强烈的需求，希望餐厅能够提供与饭店形象和档次相符的优质服务。

（2）求安全的心理需求

求安全的用餐心理需求是任何用餐顾客群体的共同需求，不会因为用餐顾客年龄、性别、身份、民族等差异的存在而改变。宴会顾客在餐厅用餐时，由于参与用餐人数较多，都会希望餐厅随时能够做好各类意外情况的防范，例如明示安全通道、时刻提醒顾客注意保管好贵重物品等。

（3）对菜肴色、香、美、味的心理需求

随着宴会设计的不断创新，人们不但注意菜肴本身的健康与营养，在宴会用餐期间还会特别注意菜肴的色、香、美、味，甚至更多倾向追求宴会美食的视觉感受。宴会顾客用餐期间，不但会品尝菜肴的味道，还会有欣赏菜肴艺术美感和追求菜肴色、香、美、味搭配相宜的心理需求。

**2．待客策略**

（1）迎宾入席

当顾客来到席位面前时，值台服务人员要面带微笑，拉椅帮助顾客入座。服务人员服务顾客时要先宾后主、先女后男，等顾客坐定后，帮助顾客打开餐巾、褪筷套，上第一道小毛巾，根据顾客要求斟酒水或饮料，对老年宾客和幼年宾客要优先照顾。

（2）斟酒服务

服务人员为顾客斟酒水时，要先征询顾客的意见，从主宾位开始顺时针依次斟倒，如顾客提出不要酒水，应将空杯撤走，争取在宾主互相祝酒前，倒好所有来宾的酒水或饮料。当宾主讲话时，服务员应停止一切服务活动，宴会期间要及时为顾客续添酒水饮料。

（3）上菜与分菜服务

服务人员应依菜单顺序上菜，按上菜、分菜的规范进行操作，上菜时，每道菜都要报菜名，并做适当介绍，特色菜要重点介绍。服务人员应保持台面间隙适当，在征得顾客同意后可将大盘换成小盘，严禁盘上叠盘。

（4）席间巡查服务

服务人员的席间巡查服务要做到“一快、三轻、四勤”，“一快”即服务快，“三轻”即走路轻、说话轻、操作轻，“四勤”即嘴勤、手勤、眼勤、脚勤，细心观察顾客的表情及示意动作，眼观六路、耳听八方，采取主动服务。

## 三、宴会结束阶段

顾客餐后退席，吃饱喝足，心情舒畅。服务人员不能因为接近宴会尾声或自己劳累而怠慢顾客，反而更应该保持服务热情，诚恳地征询顾客对服务的意见和建议，提醒顾客携带好随身物品，礼貌送客。

**1．顾客心理需求**

（1）求账目清楚的心理需求

顾客在就餐后希望能尽快离开，这就需要在清晰的结账环境下快速完成结账，并且能够使用适合自己的结账方式，如信用卡付款、支票付款和微信支付等。

（2）求礼貌送客的心理需求

顾客在离开餐厅前，希望餐厅服务人员能够做到礼貌送客。不管顾客在餐厅消费多少，他们都希望服务人员在送客过程中，做到礼貌、耐心、细致、周全。同时，部分顾客虽然已经完成了结账，但也会出现继续留在餐厅与朋友聊天等情况，这个时候，顾客不希望看到服务人员做出催促离开的暗示或举动。

**2．待客策略**

（1）拉椅送客

当顾客起身离座时，服务人员应主动为顾客拉椅，视情况目送或亲自送顾客离店。宴会结束时，服务人员应提醒顾客带齐自己的物品，宴会结束后，应主动征求顾客对服务和菜点的意见，有礼貌地与顾客道别。

（2）结账服务

服务人员应与宴会主办方联系做好结账准备，清点所有酒水、香烟、加菜等宴会菜单以外的费用并累计总数，主办方示意结账时，按照规定办理结账手续。大型宴会的结账一般由宴会部经理或主管负责。送走顾客后，服务人员要及时做好清洁和安全检查，一旦发现顾客遗留物品，要做好遗留物品登记，并及时归还。

（3）收台检查

顾客离席后，餐厅服务人员要检查台面是否有顾客遗留物品，在顾客全部离开后立即清理台面。清理台面时，先整理椅子，收餐具和小毛巾，再按规范清理餐具用品并送往后台分类摆放，贵重物品要当场清点。

（4）结束工作

收尾工作结束后，服务人员要关好门窗、灯、空调等设施设备，领班要进行检查。大型宴会结束后，主管要召开总结会。待全部收尾工作检查完毕后，服务人员方可离开。

## 知识链接

### 提高饭店服务质量的途径

饭店服务质量直接决定饭店的经营成败，是饭店对客服务的重要衡量标准，也是顾客对餐厅服务的基本需求之一。提高饭店的服务质量，可以通过以下几个途径。

**1. 使用“无声语言”**

“无声语言”指的是体态语。餐厅服务人员在对顾客进行服务的过程中，不但要使用柔性语言，还要与“无声语言”并用，最重要的就是眼神和微笑的运用。眼神交流才是心与心的沟通，才是真诚的问候。服务人员在对客交往中，应该注重眼神的沟通，正视对方，通过目光让对方了解自己在认真倾听，这样才能保证与顾客的沟通和交往顺利进行。微笑意味着友善，象征着诚意，一个微笑可能化解一份隔阂。当服务人员和颜悦色、微笑服务时，能使顾客感到真正的温暖。真诚、热情、发自内心的微笑，才能赢得顾客的满意。

**2. 培养敏锐的洞察力**

服务人员必须善于观察顾客的情绪变化和即时需求。比如面对空调坐着的顾客一直在摸胳膊，服务人员马上就把空调关小一些，这样，顾客不但能感受到良好的服务，而且能体会到服务人员对他的重视和尊重。

**3. 树立餐厅特色品牌**

针对顾客对饮食求新求异的需求心理，饭店的餐厅应该充分挖掘当地的饮食特色，树立特色饮食品牌，打造特色文化餐厅，不断推出不同风格的餐饮服务模式，从菜式的品种、餐厅的装饰和布局、背景音乐到服务人员的特色服饰，以不同的特色来渲染气氛，弘扬餐饮文化。

**课堂讨论**

- 宴会服务人员应该如何做，才能提升饭店的宴会服务质量？

## 第二节　零点顾客服务心理分析与待客策略

**案例学习**

小芳是某星级饭店中餐厅的服务人员，最近在为顾客服务时，注意到很多顾客到餐厅坐下以后，所做的第一件事是将摆在面前的餐具往桌子中心移，然后双手靠在餐桌边上，点菜、喝茶，或者和朋友聊天。

于是，小芳在一次餐前例会上找个机会对餐厅经理说："王经理，我有一个想法。咱们饭店摆台时有明确规定，要将骨碟摆在距桌边1厘米的地方，大家都是这样操作的，可这对顾客不是很方便。我最近发现不少顾客坐下后先将桌子上的餐具往里面移，您看我们是否能就此作些改进，摆台时把骨碟等餐具往里面摆一点，以免顾客坐下来再移！"王经理听后，考虑了一下说："你这想法不错，我观察几天看看，然后尽快向上级汇报，看看能否采用。"一周后，分管餐饮部的经理宣布了摆台的这一改动，还表扬了小芳，说小芳在工作中能够注意到顾客这一微小的活动细节。从此以后，小芳在餐厅里再也没发现顾客坐下后移动餐具的现象了。

**点评：**

上述案例中，餐厅服务人员小芳细心观察顾客在就餐前的动作，从事实表象来揣摩顾客的潜在心理需求，并向部门领导提出了服务改进建议，从而得到了肯定与表扬。因此，餐厅服务人员应该细心观察顾客，并且学习分析顾客心理需求，合理运用待客策略，从而提高服务质量。所以，服务人员应具备较强的服务心理分析能力，掌握能够满足顾客相应需求的待客策略，才能胜任零点服务工作。

## 一、点菜阶段

### 1．顾客心理需求

大部分顾客到餐厅用餐时，对餐厅能够提供的菜品了解不多，点菜时特别期待尽快了解菜品品质、特色，选择可口的菜品。这体现了顾客求称心便捷、求物有所值的心理预期。

### 2．待客策略

优质的点菜服务是服务员做好营销推广、提高餐厅效益的关键点，热情、周到的点菜服务能使顾客感受愉悦，提高对餐厅的满意度。

（1）提供精美的菜单

菜单既是艺术品，又是餐厅主要的宣传品，一份制作精美的菜单不但可以烘托用餐气氛，更能反映餐厅的格调，使顾客对菜单内所列的美味佳肴留下深刻印象，带给顾客美好的用餐体验。菜单的规格应与餐饮内容、餐厅的类型与面积、餐桌的大小和座位空间等相协调，使顾客拿菜单时手感舒适，阅读方便，并且吸引顾客的注意力。

## 知识链接

### 国外创意菜单欣赏

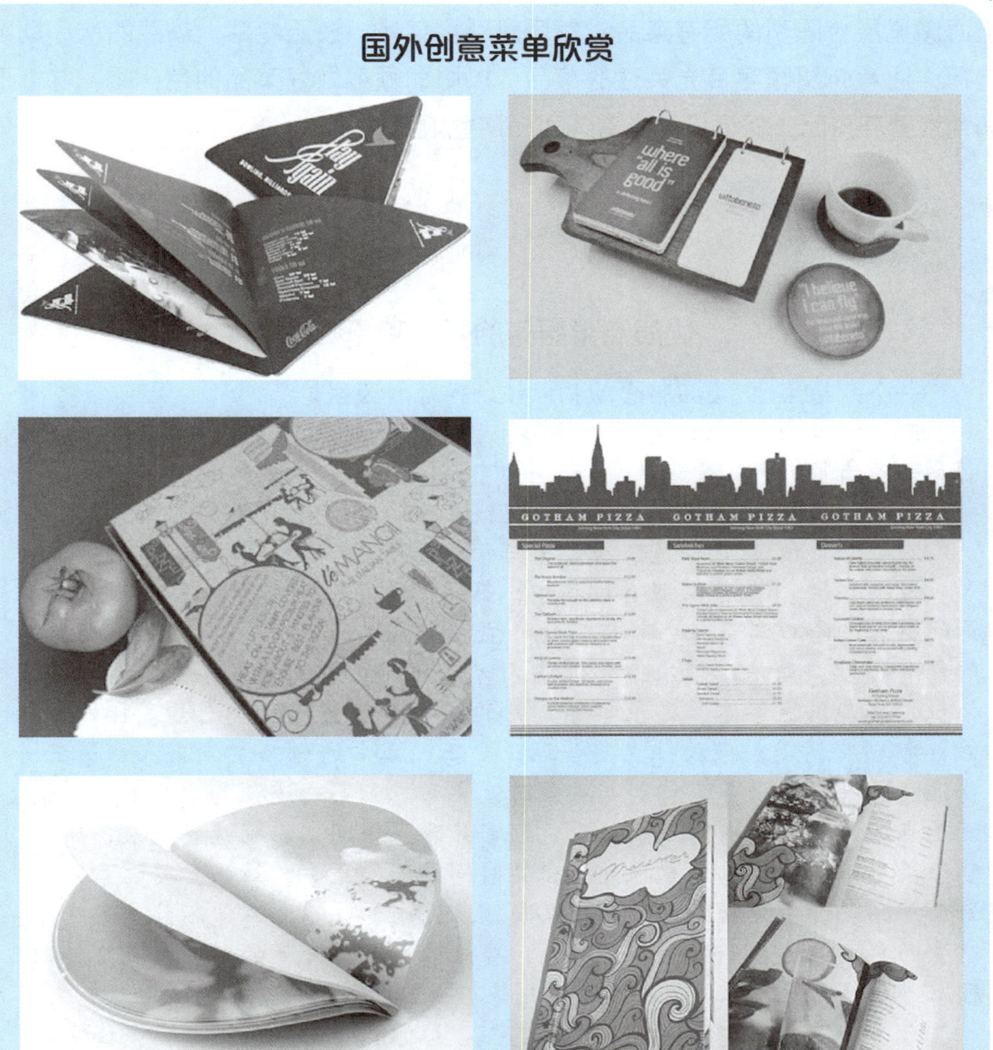


（2）留有空间，方便选择

服务人员不应急于介绍本店特色，而是应该呈上菜单，给顾客 3～5 分钟时间，让顾客全面了解本店的美食，轻松愉快地选择感兴趣的菜品。同时借机观察顾客的饮食习惯和嗜好。当顾客放下菜单，或意识到顾客已经通览菜单时，服务人员应在顾客开口之前询问顾客是否可以点餐了。

（3）耐心介绍，合理建议

服务人员应引导顾客先点冷菜、后点热菜；先点名贵海鲜、特色菜，后点一般菜；注意荤素搭配、汤菜穿插；期间介绍菜品特色、协助控制菜量，避免浪费；边点边记录，眼睛关注每一位顾客，便于照顾全体顾客的需求；结束点菜前，复述菜单，询问有无不妥。若是在展台前点菜，服务人员可以引导顾客全面浏览展台陈列的所有菜品，然后回到冷菜处，按照冷菜、热菜的次序助客选择，注意介绍顾客目光关注的菜品，以协助顾客做好菜品的色、香、味、形和荤素营养搭配，保证席面丰富体面，避免浪费。

## 知识链接

### 优质点菜服务的标准和原则

一个“为主”：菜品膳食结构以植物性原料为主。

两个“理念”：以绿色消费理念和健康消费理念为指导，不浪费食物，引导合理消费。

三个“目的”：要有不让顾客多花钱、丢面子、闹肚子三个目的。

四个“兼顾”：力争色、香、味与营养兼顾。

五个“注意”：点菜服务过程中，第一，要注意语言的礼貌、准确。如询问顾客的忌口与喜好、招待目的、主客与主宾的识别等；对顾客质询的解释要合理、简洁。其次，要注意顾客落座到点菜前的服务，包括招呼、领位、落座、送茶水、递菜单等，目的在于营造良好的氛围并安抚顾客。菜单印刷要精美，摆放位置要合理，要正面正向递送给主点菜人。第三，要注意点菜后的服务，特别是点菜时就要考虑到第一道菜的上桌时间，最好是点完菜5分钟内能上桌，避免顾客焦躁、催问，影响就餐效果，所以整个菜单不能全是加工量很大、出品时间很长的菜肴。第四，要注意处理好新产品、特色菜和高价菜的推销与顾客需求的关系，不能不注意顾客的感受而自顾自地推销或强推。第五，要注意菜量与食量的匹配，满足特殊顾客（如婴儿、外宾、老人、残疾人等）的需求。

六个“搭配”：努力做到荤素搭配、主副食搭配、颜色搭配、口味搭配、餐具器皿搭配、冷热搭配合理。

## 二、用餐阶段

### 1．顾客心理需求

顾客就餐过程中，对服务人员提供的上菜分菜、斟酒续酒、席面整理等服务，有“求卫生、求美味、求主动、求快捷、求尊重”的心理预期。服务人员应以“服务于开口之前、服务技艺娴熟、满足个性化需求的服务”应对，令顾客用餐舒心。

**2．待客策略**

（1）控制上菜节奏

上菜节奏太快，容易造成顾客来不及品尝“刚出锅的美味”的后果，无法满足顾客希望及时品尝美味的心理需求。而上菜节奏太慢，台面菜品稀少，既不能满足顾客食欲，又怠慢顾客，均会令顾客不满。一般情况下，顾客点菜后3～5分钟冷菜上桌；在冷菜上桌前，完成饮品选择与斟倒服务，既服务及时，又满足顾客希望快捷有度的心理需求；冷菜食用到1/3量时，上第一道热菜，20分钟内上齐菜品。需要注意的是，服务人员要随着顾客进餐速度，调整上菜节奏。如果顾客提出快点上菜，服务人员应告知厨师和传菜人员，加快菜品制作和上菜速度。

（2）保持席面美观

保持席面美观，可以美化顾客就餐环境，使顾客保持良好的食欲，又令顾客就餐或宴请体面。服务人员除控制上菜节奏以外，还要做好上菜摆放、色彩搭配、荤素搭配、器具搭配、台面整理等服务环节。

例如，上菜时，服务人员应根据台面不同的菜品盘数，确定菜品不同的摆放位置，按照“一中心、二对称、三三角、四四方、五梅花”的原则，做好菜品的色彩搭配、荤素搭配，器具搭配；整理台面和撤盘时，应征求顾客意见，保证顾客餐位无“骨、刺、壳”等残食，并及时调整台面。

（3）主动斟酒、续酒

服务人员点菜送单之后，应当立即询问顾客是否需要饮品，经顾客同意，提供斟酒和服务过程中的续酒服务。服务过程中，服务人员应注意不能错倒酒水，并应主动询问顾客是否要续加酒水。

1）主动斟酒。名贵酒品在取到后应礼貌递送给顾客确认后再开瓶，然后提供品酒服务和斟酒服务。由主人品酒认可后，从主宾、主人开始，顺时针进行斟酒服务。不同的酒品斟酒量不同，红酒、白葡萄酒、香槟、白酒应徒手斟酒，啤酒、饮料使用托盘斟酒，以便提高服务效率。服务人员还应注意询问顾客需要的饮品类型。

2）主动续酒。服务人员应关注顾客杯中酒的余量，当顾客杯中酒量小于1/3时，要立即为其续酒。

## 三、用餐结束阶段

**1．顾客心理需求**

顾客用餐完毕离开餐厅阶段，有结账准确快捷、离店热情相送的心理预期，服务人员应把握顾客的需求心理，用心服务，给顾客留下美好的印象。

2．待客策略

（1）结账准确快捷

服务人员应向顾客提供准确快捷的结账服务，同时应明确顾客的消费项目，做好向顾客解释账单的准备。服务人员还可以趁机征求顾客对本次用餐的意见和建议，认真记录。

（2）离店热情相送

顾客即便已经结账，服务人员还要热情服务左右。一旦顾客起身准备离店，服务人员应主动拉椅，提醒顾客带好随身物品，诚恳欢迎顾客再次光临。

## 知识链接

### 满足顾客心理需求常见的服务策略

1. 保持正确的服务意识

“顾客第一”是服务人员应该准守的服务意识，培养正确的服务意识才能做到优质服务。服务人员在对客服务的过程中，要永远把顾客放在第一位，时刻为顾客着想，让顾客感觉到餐厅吃饭像在家里吃饭一样温馨。

2. 让顾客感到服务的热情

（1）态度谦恭

服务人员在与客交往中，要为顾客提供良好服务，就必须做到态度谦恭、和蔼可亲。谦恭是一种良好的行为方式，是指对顾客谦虚恭敬，避免语言和行动上的冒犯，给顾客充分的尊重。

（2）讲究语言艺术

合理的言语交流在塑造良好的客我关系中极为重要。服务人员在服务过程中要养成使用文明礼貌用语的习惯。在与顾客言语沟通时，用肯定的语气表达要比用否定的语气表达更使人感到柔和、亲切。

（3）学会使用体态语

体态语是一种无声的语言，虽然没有声音的表达，仍能够传递一种热情。合理的言语表达配合优美的体态语，才能提供最完美的服务。体态语包括“请”“引领”等手势语，面部妆容、工作装、物饰等服饰语，以及微笑、眼神等表情语。

3. 学会扬长避短

“扬长”就是指服务人员在与客交往中赞扬顾客的长处或提供一个机会让顾客表现自己的长处。“避短”就是指服务人员不能嘲笑顾客的短处，不能在顾客面前显示自己的“优越”。

**课堂讨论**

● 假设你是一名餐厅服务人员，针对满足顾客心理需求常见的服务策略谈谈你的具体做法。

## 思考与练习

1. 宴会前顾客的就餐心理需求有哪些？
2. 宴会开始前，如何为顾客提供服务？
3. 宴会期间顾客的就餐心理需求有哪些？
4. 宴会过程中，如何为顾客提供服务？
5. 为顾客提供点菜服务的策略有哪些？
6. 上菜时如何控制节奏？

# 第五章 饭店顾客投诉

饭店希望向顾客提供完美的服务，但是难免会因为某些工作差错或者误解而引起顾客的不满甚至投诉。服务人员分析顾客的投诉心理主要是为了弄清顾客投诉的原因和投诉时的一般心理状态，避免在今后的接待服务工作中出现类似问题，并学会如何恰当应对与处理顾客的投诉。

## 学习目标

☆了解饭店顾客投诉的类型和意义。

☆学会分析饭店顾客投诉的原因和心理需求。

☆掌握应对与处理饭店顾客投诉的策略。

# 第一节 正确认识饭店顾客投诉

## 案例学习

一天上午十点多钟，顾客顾先生从外面办完事回到饭店，一打开客房房门，发现房间还没有打扫。顾先生有点不高兴，看到服务人员小梅在对面客房打扫卫生，便气呼呼地对小梅说："服务员，怎么我的房间到现在还没有打扫啊？还等到什么时候？"小梅看到顾客态度不好，便冷冷地说："你的房间是分给小雯打扫的，你要找就找小雯吧，不关我的事。"说完，剩下气呼呼的顾先生站在走廊里，小梅转身就忙自己的去了。顾先生看到服务员这个态度，心中怒火上升，回到房间立刻打电话把客房经理找来，投诉了小梅。听完顾先生介绍事情的经过，客房经理非常真诚地向顾先生道歉，立刻让小梅诚恳地向顾先生赔礼道歉，并安排小梅与小雯一起马上打扫顾先生的房间。

事后，客房经理安排了一次部门培训，培训内容就是如何处理顾客投诉。强调当顾客有问题时，一定想办法去帮助顾客解决问题，而不是追究责任，更不能当着顾客的面，推卸责任，因为顾客所关心的是尽快解决问题。另外，面对顾客的投诉时，尤其要注意自己的服务态度，不管顾客如何生气，不管顾客态度如何恶劣，服务人员都应该耐心、真诚地帮助顾客。

**点评：**

投诉是饭店与顾客沟通的桥梁，因此饭店管理者与服务人员应该对顾客的投诉有正确的认识。投诉其实就是顾客向饭店释放的一个信号，暗示饭店服务和管理中存在问题，而顾客发现了这个问题并向饭店指出来。因此饭店对顾客的投诉应给予足够的重视，将顾客的投诉作为改进饭店产品和服务、争取顾客忠诚的最好途径。案例中，顾客发现客房没有及时打扫，并且服务人员态度恶劣，因此向客房部经理投诉。客房部经理通过顾客的投诉，发现了客房服务人员的服务态度存在问题，及时安排了一次相关培训，改善客房服务人员的服务态度，避免顾客再次投诉。

## 一、饭店顾客投诉的概念

由于饭店业是旅游业的重要支柱，因此可以认为饭店顾客投诉也是旅游投诉的一种。旅游投诉是指旅游者、旅游经营者为维护自身和他人的合法权益，对损害其合法权益的旅游经营者和有关服务部门，以书面或口头形式向旅游管理部门提出投诉、请求处理的行为。

一般情况下，通常所说的饭店顾客投诉，是指饭店顾客在使用饭店设施设备及享受饭店服务过程中或过程后，对饭店的产品及服务不满意而向有关人员或部门诉说、抱怨、要求给予处理的一种行为。

## 二、饭店顾客投诉的原因

在饭店的经营活动中，顾客是饭店服务的对象。顾客投诉往往是因为饭店工作上的过失、饭店与顾客双方的误解、不可抗力或者某些顾客别有用心等因素造成的。因此，顾客投诉原因是多种多样的，归纳起来，主要有主观原因、客观原因和其他方面的原因。

**1．主观原因**

引起顾客对饭店进行投诉的主观原因有很多，主要体现在以下几个方面：

（1）不尊重顾客

不尊重顾客是引起顾客投诉的重要原因，受尊重是每个人的基本需要。但在实际工作中，由于服务人员不能摆正自己与顾客的角色关系，未能树立正确的服务理念，把个人尊严与尊重顾客对立起来，所以表现出不尊重顾客的行为。诸如对顾客冷淡，不主动招呼顾客，甚至顾客多次招呼也没有反应，对顾客的询问不理不睬，或一问三不知，有时语言不文明，不注意礼节礼貌，不尊重顾客的风俗习惯等。这些行为都会引起顾客反感，甚至发生冲突，从而导致顾客投诉。

（2）不一视同仁

顾客受到区别对待时，极易引起心理不平衡，会认为饭店势利、不公平，因此对饭店产生不好的印象。有些服务人员在服务工作中不能对顾客一视同仁，常常将顾客分成等级，以财取人，以貌取人，看人行事；有的服务人员对顾客的服饰、打扮评头论足，指指点点；有的对常客热情有加，但是对不经常来或是第一次来的顾客十分冷淡，厚此薄彼。这种行为被顾客看在眼里，势必会使顾客反感，从而导致投诉。

（3）语言欠修养，举止不文明

有些服务人员在日常生活中不注意个人修养，语言、举止不文明，并把这些习惯带到工作中，引起顾客的反感，导致投诉。如有的服务人员称呼顾客不用尊称，有时以“喂”代替，甚至省去称呼；有的服务人员对顾客态度生硬，言语无礼，顶撞顾客，甚至在与顾客发生争执时挖苦、辱骂顾客；有的服务人员在接待顾客时挖耳朵、剔牙齿、理头发等，在顾客休息时大声喧哗、高声谈笑、打电话等，影响顾客休息。这些不文明的语言与举止，是顾客无法接受的，极易引起顾客的投诉。

（4）工作不负责，服务质量差

有些服务人员工作不负责，马马虎虎、粗枝大叶、服务质量差，引起顾客投诉。如有的服务人员在对顾客服务过程中，不主动，没有预见性，甚至会忘记或搞错顾客交代办理的事情，损坏、遗失顾客的物品，给顾客造成损失，操作时不注意操作卫生等。这些对工作不负责任的表现，顾客看在眼里，会觉得饭店的管理与服务质量得不到保障，自己的权益也必定会受到损害，并因此向饭店投诉。

**2．客观原因**

引起顾客投诉的客观原因主要体现在以下几个方面：

（1）饭店设备损坏后未及时修理

饭店的各项服务设施设备应该是完好的，可供顾客随时使用。但有时饭店因种种原因没有及时修好损坏的设施设备，顾客在使用时出现问题，引起顾客不满而导致投诉。如顾客打开电视机却不能正常收看，卫生间抽水马桶坏了，不能正常使用，或者夏天空调不制冷，顾客在房间里感觉非常闷热等，都可能引发顾客投诉。

（2）基础设施不完善

顾客来到饭店，都希望饭店的环境、服务尽善尽美。若饭店没有为顾客提供必要的基础设施服务，如客房不能提供互联网接入服务、卫生间没有电源插座，或者饭店不能提供洗衣服务等，就会让客户觉得非常不方便，从而引起顾客心理上的不快，在某种程度上都可能会引起顾客的投诉。

（3）服务收费不合理

顾客在饭店消费，一般情况下，会对饭店产品与服务的价格有一个心理预期，并且会把自己支付的费用，与产品或服务的实际使用价值相比，与其以往的消费经验相比，当他觉得饭店提供的产品或服务价格超出自己的预期时，就会觉得价格不合理，可能会进行投诉。另外，顾客在结账时，若发现应付的款项与实际收费有出入，收费项目不明确，或者未加解释增加新的收费项目时，就会有一种受骗的感觉，并会因此投诉饭店。

**3. 其他方面的原因**

除了主观和客观方面的原因以外，引起顾客投诉的还有其他方面的原因。首先，随着顾客的维权意识和法制观念的增强，很多顾客在自己的权益受损害时，会通过投诉来维护自己的权益。其次，饭店服务质量与服务态度的优劣，常与顾客的心理感受有直接关系，而且，顾客的兴趣、爱好、需求、风俗习惯，以及消费水平、评价标准也不完全一样，这也决定顾客的投诉是难免的。

## 三、饭店顾客投诉的类型

顾客在饭店消费过程中，如果饭店提供的服务不能达到顾客预期的要求，就会引起顾客对饭店的不满。有些顾客可能会采取逃避反应，虽然他们不会将不满表现出来，但是会决定下次不再光顾这家饭店；有些顾客会采取攻击反应，会通过各种方式把自己的不满表现出来。根据饭店顾客投诉的对象、投诉时的情绪、投诉的目的等不同，饭店投诉可以分为不同类型。

**1. 根据饭店顾客投诉对象分类**

（1）直接向饭店投诉

有些顾客认为，导致自己不满的原因是饭店的产品与服务存在问题，是饭店未能满足自己的要求和愿望，因此，最直接的方式就是向饭店投诉，通过向饭店管理者或服务人员表达自己的诉求，获得饭店的理解与支持。

（2）向中间代理商投诉

有些顾客是通过中间代理商预订的饭店，当他们觉得饭店的服务态度、服务设施或者价格没有达到预期目标时，一般会向中间代理商投诉，要求中间代理商解决问题。

（3）向消费者协会等社会团体投诉

当顾客觉得饭店对投诉处理不公平时，有的顾客会考虑到利用社会舆论向饭店施加压力，如通过向电视台、报社曝光，向消费者协会等社会团体举报等，从而使饭店以积极的态度去解决问题。

（4）向有关行政管理部门投诉

有些顾客的维权意识很强，当他们觉得饭店的产品与服务存在问题，不仅损害自己的权益，而且也损害其他顾客的权益时，他们可能会向饭店的行政管理部门投诉。

（5）向法院起诉

当顾客觉得与饭店之间的矛盾通过协商的方式很难得到解决时，有可能会选择向法院起诉饭店，通过法律途径解决问题。

**2．根据饭店顾客投诉时的情绪状态分类**

（1）理智型投诉

这类顾客在投诉时能够很好地控制自己的情绪，他们力图以理智的态度、平和的语气和准确清晰的表达，向相关人员陈述事情的经过，以及自己的看法和要求，这类顾客的投诉有理有据，要求合乎情理。

（2）冲动型投诉

这类顾客在投诉时很难控制个人的情绪，容易冲动，一有不满，就会大声咆哮，言谈不加修饰，一吐为快，说话不留余地。对支支吾吾、拖拉应付的工作态度深恶痛绝，希望饭店能干脆利落地解决问题。

（3）失望型投诉

这类顾客投诉时情绪及其低落，对饭店的产品与服务深感失望，对自己遭受的损失心痛不已。这类顾客认为饭店的产品与服务已经远远超出自己的容忍程度，希望通过投诉能获得某种程度的补偿。

**3．根据饭店顾客投诉的目的分类**

（1）控告型投诉

控告型投诉是比较典型的投诉，其特点是顾客已被激怒，情绪激动，要求饭店必须做出某种承诺，答应自己的某些要求。例如，一位正在用餐的顾客发现一条鱼不够新鲜而大发雷霆，餐厅经理出面反复道歉，仍然无效。顾客坚持要见总经理，否则，将绝不罢休。几分钟后，总经理亲自接待顾客，向顾客表示歉意并答应顾客的一些要求，事态才得以平息。

（2）批评性投诉

有的顾客虽然心怀不满，但是情绪相对平静，投诉时只是把自己心中的不满告诉饭店服务人员，不一定要对方做出什么承诺，也没有提出什么要求，这种投诉称为批评性投诉。例如，一位在前台结账退房的顾客一边从包里拿出押金条，一边抱怨说："你们饭店怎么无烟房里还有烟味啊？难道顾客在无烟房里抽烟，你们都不管？"

（3）建设性投诉

一般情况下，顾客在心情不好时会向饭店提出投诉，而建设性投诉却恰恰相反，它是在顾客心情愉悦时，伴随着对饭店的赞誉而提出的一些建设性的意见。例如，李先生是一家饭店的长住顾客，这天早上他离开房间时，同往常一样，总是习惯性地和打扫房间的服务人员聊上几句。他说他非常喜欢这家饭店，他的朋友和客户对这家饭店的印象也非常好，只是每天去楼下吃早餐觉得不方便，尤其是周末，希望饭店在客房里添置一些设施，如微波炉、电磁炉等。

## 四、饭店顾客投诉的意义

作为饭店服务人员，任何人都不希望有顾客投诉自己的工作，这是人之常情。然而，即使是世界上最负盛名的饭店也会遇到顾客投诉。饭店管理者及服务人员应该正确地认识投诉，不要害怕顾客投诉，应该认识到顾客投诉对饭店经营管理的积极意义，对顾客投诉持欢迎态度，把握投诉所隐含的对饭店有利的因素，变被动为主动，化消极为积极。

**1．通过顾客投诉，了解饭店自身产品、服务与管理的缺陷**

顾客的投诉是对饭店服务和管理水平评价的形式之一。从顾客的投诉中，饭店管理人员可以了解到目前饭店产品中存在的缺陷，发现服务工作中的弱点、漏洞和不足，以及饭店基层管理中存在的实际问题。特别是发现一些带有倾向性的问题，以便有针对性地采取措施，调整饭店的产品，改进服务工作，加强饭店基层管理，为顾客提供高质量、高效率的服务。

**2．通过顾客投诉，了解顾客的心理需求**

顾客之所以会向饭店提出投诉，是因为他们对饭店的产品与服务在心理上有一个期望值，当现实体验达不到预期的期望值时，顾客在心理上就会对饭店产生不满，并通过投诉把这种不满表达出来。因此，通过投诉，饭店管理人员可以了解顾客对饭店产品与服务的心理需求，并根据实际情况，改善饭店的产品与服务，提高服务质量，满足顾客的心理需求，防止投诉再次发生。

**3．通过顾客投诉，提供饭店与顾客交流情感的机会**

顾客向饭店投诉，实际上是提供了一个饭店与顾客交流情感的机会，通过对投诉的处理，顾客对饭店有更多的了解，饭店对顾客的喜好、性格等也会有更多的了解。因此，饭店要把投诉作为改进工作、接触顾客、增进互动、情感交流的机会。积极接受顾客的投诉，可以显示出饭店对顾客的尊重和对投诉的重视，使顾客在情感上得到满足，并因此加强顾客同饭店之间的情感联系。

**4．通过顾客投诉，给饭店提供挽回自身声誉的机会**

顾客在消费过程中对饭店提供的产品与服务不满意时，有些并不会将不满表现出来，而是默默离去，并决定再也不来这家饭店，甚至会向身边的人诉说自己对这家饭店的不满。这不仅使饭店失去了这位顾客，也失去了他身边的一些潜在顾客，因此，让顾客带着不满离开饭店是饭店最大的损失。而有些顾客会选择投诉，站在维护饭店利益的角度去看待顾客，饭店管理人员不难发现，顾客直接向饭店投诉是对饭店声誉影响最小的一种方式。直接向饭店投诉的顾客，不管其投诉的原因、动机如何，都给饭店提供了及时做出补救、保全声誉的机会和周全应对的准备余地。

## 知识链接

某公司曾经做出有关调查，得出以下的统计数字：

● 出现了问题而没有提出抱怨的顾客，有再度惠顾意愿的占9%。

● 出现了问题提出抱怨的顾客，不管结果如何，有再度惠顾意愿的占19%。

● 出现了问题提出抱怨并获得圆满解决的顾客，有再度惠顾意愿的占54%。

**课堂讨论**

● 从饭店管理层面来说，饭店应如何避免顾客投诉的发生？作为一名一线服务人员，遇到顾客的投诉该如何应对？

# 第二节　饭店顾客投诉心理及处理策略

## 案例学习

一天晚上十点左右，大堂副理小程正在前厅计算机里查看当天客房入住的情况及第二天的客房预订情况，这时入住饭店商务楼层的徐先生很生气地前来投诉。原来徐先生拿着饭店的足浴赠票券去足浴中心消费，赠券上写明免一人足浴费用，但消费时服务人员没有说明只能洗中药足浴，向其推荐了鲜花足浴，结账时才知道不能免单，徐先生认为饭店有欺骗行为，服务人员也失职了，因此要求足浴中心的服务人员向其道歉，并按赠券上的要求免除费用。

听完徐先生说明事情的原委，小程对徐先生说："徐先生，我很理解您的心情，但时间已经挺晚了，为了不耽误您的休息，您先回客房休息，我马上和饭店足浴中心联系，十分钟后我到您客房给您一个满意的答复，您看好吗？”徐先生看小程态度非常诚恳，便同意了小程的方案。小程立刻和足浴中心联系，因为足浴中心的经理已经下班，只有主管小黄在，小黄说，服务员是有责任的，没有跟徐先生说明，但是完全免除费用，自己没有这个权力，即使明天经理来了，恐怕也不行，一般情况下，要顾客补两个服务项目的差价。小程听了，心中有数，便让小黄通知了当时为徐先生服务的服务员和他一起去徐先生的客房。

很快，小程和这位服务员敲开了徐先生的房门，徐先生看小程这么快就过来了，脸上露出满意的笑容。小程很诚恳地对徐先生说：“徐先生，对不起，给您添麻烦了，这次饭店为了感谢您入住我们饭店的商务楼层，特意向您赠送我们饭店非常有特色的足浴服务，但由于我们工作的失误，给您带来了困扰，我和服务员诚恳地请求您的谅解，因为中药足浴与鲜花足浴的成本有很大不同，因此价格也有差异，所以，徐先生，您看能不能支付这两个服务的差价，这样的处理您能接受吗？”徐先生看着小程，很真诚地说：“我真没想到，这么晚，你能这么快就来我房间，就冲你这一点，哪怕让我全部支付鲜花足浴的费用，我也认了。原本我今天晚上很生气，怕睡不着，现在会很开心地睡一觉。”

**点评：**

以上案例中，大堂副理小程在面对投诉时，能够迅速做出反应，并及时提出处理意见，让顾客感受饭店对他的重视，当顾客的心理得到满足，投诉的处理也就变得非常容易了。因此，要学会分析顾客投诉的原因和心理需求，并学会应对和处理顾客投诉。

## 一、饭店顾客投诉的心理需求

顾客向饭店投诉，既有可能是因为饭店方面的过错，也有可能是因为误会。不管是什么原因导致顾客投诉，饭店服务人员在处理顾客的投诉时，首先应该做的是了解顾客的投诉心理，因为即使相同的原因导致的投诉，但不同顾客的心理需求是不一样的，只有针对顾客的心理需求处理投诉，才有可能让顾客满意。一般情况下，顾客投诉时的心理需求主要体现在以下几个方面：

**1．求尊重的心理**

心理学家马斯洛的需求层次理论认为，尊重是人的一种较高层次的需要。顾客在饭店消费过程中，在心理上需要服务人员的尊重，而在进行投诉活动时这种心理更加突出。他们总认为自己的意见是正确的，希望自己的投诉受到有关部门应有的重视，要求别人尊重他们的意见，向他们表示歉意，并立即采取行动，恰当地处理投诉。

**案例思考**

住在某饭店1502房间的顾客，因送洗的衬衣被染了颜色，特别不开心地找到相关服务人员询问，结果却被客房楼层服务员当面指责他的衬衣破旧，染不染色都不应该再穿了。该顾客原本只想着问一下原因，没想到服务员竟然对他讲这样一番话，气冲冲地去找大堂副理投诉，并发誓再也不会入住这家饭店。

**2．求宣泄的心理**

人在遇到挫折后，经常会采取宣泄的防卫措施，通过宣泄来排解心理压力，保持心理平衡。顾客在饭店消费过程中，如果碰到使他们不顺心的事情，或被饭店服务人员讽刺挖苦之后，心中充满怨气、怒火，他们就会希望相关的人员受到责罚，因此他们会利用投诉来寻求发泄，以维持心理平衡。

**案例思考**

住在某饭店1301房间的王先生早上起来想洗个热水澡放松一下。但洗至一半时，水突然变凉。王先生非常懊恼，匆匆洗完澡后给总台打电话抱怨。接到电话的服务员正忙碌着为前来退房的顾客结账，一听顾客说没有热水，一边工作一边回答："对不起，请您向客房中心查询，我帮您转接吧。"结果电话一直没人接听，然后顾客继续拨通房务中心的电话，对方竟然叫他先打楼层电话，本来一肚子气的王先生一听就更来气，嚷道："你们饭店怎么搞的，我洗不成澡向你们反映，你竟然让我再拨其他电话！"，说完，"啪"的一声，就把电话挂上了。王先生越想越不开心，于是来到了大堂副理处一口气地进行了长达20分钟的投诉，并且一定要相关服务人员当面道歉。

**3．求补偿的心理**

人们因为各种需要产生了消费动机，并寻求满足，有时可能会受到种种条件的限制无法得到满足，这时，人们在心理上就会产生求补偿心理，这是现实生活中普遍存在的现象。顾客在饭店消费过程中，因为某些原因没有获得心理满足，并因此向饭店服务人员或有关部门投诉时，希望饭店能够弥补他们的损失，正是求补偿心理的体现。

**案例思考**

顾客凌晨一点多入住某饭店，进房十分钟后表示房间太小，床太小，不能上网，要求取消入住，并退还所有费用。饭店表示，当时顾客是同意入住的，房内所有的设施已经动过，饭店已客满，无法为他换其他房型，并且已过凌晨，房费已入账，无法退钱，顾客表示不能接受，于是投诉。

**4．求平衡的心理**

顾客之所以投诉，还源于他们对人的主体性和社会角色的认知。他们认为，自己是花钱来享受的，希望获得美好愉快的消费经历。如果饭店提供的产品或服务让顾客觉得不愉快，那么顾客在心理上就会形成强烈的反差。这种反差就会促使顾客采取投诉的方式找回自己应该享有的权利，这也是一般人寻求心理平衡、保持心理健康的方式。

**案例思考**

某日傍晚，一香港旅游团结束了“广州一日游”，回到了下榻的饭店。然而，不到十分钟，旅游团的一位中年女领队就光着脚来到大堂，怒气冲冲地向前台投诉客房服务员。

原来，早晨出发时，这位女领队要求楼层客房服务员为房间加一卷卫生纸，但这位服务员却只将这位顾客的要求写在了交班记录本上，并没有向接班服务员特别强调指出。下一班次的服务员看到客房卫生间内还有剩余的半卷卫生纸，就未再加。结果，这位顾客回来后，勃然大怒。无论前台的几个服务员如何规劝、解释，她依旧坚持光着脚站在大堂中央大声说：“你们的服务简直糟透了。”值班经理和客房部经理很快赶到了，看到此情此景，他们一边让服务员拿来一双舒适的拖鞋，一边安慰顾客说：“我们的服务是有做得不够好的地方，请您消消气，我们到会客室里面坐下来谈，好吗？”这时顾客态度渐渐缓和下来，值班经理耐心地向顾客询问了整个事件的经过和解决问题的具体意见，最后值班经理代表饭店向旅游团的每个房间都派送了一卷卫生纸，并向这位顾客赠送了致歉果盘。事后，经向该团导游了解，这位领队因对旅行社当天的行程安排不满，故心情不好，这是引发她投诉的原因之一。

**5．自我表现的心理**

在日常生活中，有些人的自我意识很强，总觉得自己比别人高明，时时刻刻都想表现自己，并在行动上体现出来，如喜欢挑刺、批评别人，喜欢当众表现等。在饭店服务过程中，服务人员也会遇到这样的顾客，如有些顾客投诉的内容是谈看法和提建议，其目的就是表现自己见多识广，有丰富的饭店消费经验，其实这是顾客的一种自我表现心理。

**案例思考**

某星级饭店大堂副理经常会接到饭店长住顾客李先生的投诉，李先生每次投诉时并不生气，也不会有很大的情绪波动，总是喜欢挑饭店的一些小细节说事，并且喜欢展示他经常在外面住高级饭店的经历，总以一副学者的身份来“指导”大堂副理的工作。虽然大堂副理明知道许多“投诉”都是不存在的现象，但他从不揭穿李先生，反而每次都认真倾听、记录，并适当反馈。

## 二、处理顾客投诉的策略

**1．坚持投诉处理的原则**

投诉处理是否得当，是否让顾客满意，关系到顾客对饭店的总体印象。饭店想要留住顾客，必须恰当地处理顾客的投诉。因此，不管遇到怎样的投诉，都必须充分考虑顾客的投诉心理，从顾客的思维模式寻求解决问题的办法。投诉的处理原则包括以下三个方面：

（1）诚心帮助顾客原则

饭店应坚持“顾客至上”的服务宗旨，对顾客的投诉持欢迎态度，诚心帮助顾客解决问题。受理或处理投诉，本身就是饭店的服务之一。因此，当顾客遇到问题前来投诉时，接待人员不能和顾客争吵，不能为自己辩护，应真诚地听取顾客的意见，表现出愿为顾客排忧解难的诚意，争取完满解决问题。真诚的服务态度是取得顾客谅解的第一步。

（2）“顾客永远正确”原则

饭店服务人员需要不断提高职业素养，树立全心全意为顾客服务的思想，树立“顾客永远正确”的思想观念。一般来说，顾客来投诉，说明饭店的服务与管理出了问题，大部分顾客不到万不得已和忍无可忍，是不愿耗费时间和精力进行投诉的。饭店服务人员要从顾客的角度来理解他们，即使顾客错了，也要把“对”让给顾客，不要让顾客感到羞愧和遗憾。

（3）兼顾顾客和饭店双方利益原则

在处理投诉时，要兼顾顾客和饭店双方利益。首先，投诉处理人员是饭店的代表，代表饭店处理投诉，不可能不考虑饭店的利益，因此，处理投诉时不能接受顾客的无理要求而使饭店的利益受损。其次，投诉处理人员还是顾客的代表，为顾客追讨损失赔偿。顾客直接向饭店投诉，这种行为说明顾客相信饭店能公正妥善解决当前问题。为回报顾客的信任，投诉处理人员必须以不偏不倚的态度，公正地处理投诉。

**2．掌握正确的投诉处理步骤**

对于顾客的投诉，一般情况下，饭店可以按以下的步骤进行处理：

（1）耐心倾听，弄清真相

投诉处理人员应专注地倾听顾客的诉说，不打断或反驳顾客，不要露出不相信顾客的表情，而要用恰当的表情表示自己对顾客遭遇的同情，必要时做记录。投诉处理人员应准确领会顾客投诉的问题，把握问题的关键所在，必要时谨慎提问，明确顾客不满的根源和事情的真相。

（2）表达歉意，平息不满

投诉处理人员应巧妙地运用道歉策略，平息顾客对饭店的不满情绪。在没有弄清事情真相之前，不可以随便承认是饭店工作的失误，也不可以随便答应顾客的诉求，但可以表示对顾客遭遇的同情、理解与歉意，并承诺帮助顾客尽快解决问题。有的顾客投诉时情绪激动，饭店应设法平息顾客的不满情绪，如请顾客移步至不引人注意的地方，请顾客坐下慢慢诉说，并奉上茶水或其他不含酒精的饮料等。

（3）审视真相，解决问题

投诉处理人员应进行调查核实，弄清问题所在，以便客观地审视事情的真相，根据顾客的投诉心理，提出一个妥善解决问题的办法。对于那些应该解决而又能解决的问题，应给予及时解决。对于超越权限或无法解决的问题，不要急于提出处理意见，更不能向顾客保证解决，而立即报告上级或与有关部门联系后再答复顾客。

（4）跟踪反馈，做好记录

投诉处理结束后，应追踪顾客对投诉处理结果是否真正满意，并再次倾听顾客的意见。此后，要把事情经过及处理过程整理成文字材料，包括投诉内容、处理过程、处理结果、顾客满意程度等。通过跟踪和记录，汲取教训，总结经验，为以后更好地处理顾客投诉提供参考。

## 知识链接

### 投诉处理“五字诀”

1. 听

对待任何一个顾客的投诉，不管是鸡毛蒜皮的小事件，还是较棘手的复杂事件，投诉处理人员都要保持镇定、冷静，认真倾听顾客的意见。投诉处理人员要表现出对对方的礼貌和尊重。投诉是顾客发泄气愤的过程，这样顾客才能慢慢平静下来，为问题的解决提供前提条件。

2. 记

投诉处理人员在听的过程中，要认真做好记录，尤其是顾客投诉的要点和讲到的一些细节，要记录清楚，并适时复述，以缓和顾客情绪。这不仅是快速处理投诉的依据，也为饭店以后服务工作的改进作铺垫。

3. 析

投诉处理人员应根据所听所写，及时弄清事情的来龙去脉，然后才能做出正确的判断，迅速响应、反应，拟定解决方案，与有关部门取得联系，商讨处理方法，顾客满意第一，部门责任第二。

4. 报

投诉处理人员对发生的事情、做出的决定或是自己难以处理的问题，应及时上报主管领导，征求意见，不要遗漏、隐瞒材料，尤其是涉及个人自身利益时，更不应该有情不报，否则，查出后后果更严重。

5. 答

投诉处理人员征求了领导的意见之后，要把答案及时反馈给顾客，做到有诉必应，不让顾客的投诉石沉大海。如果暂无法解决，应向顾客致歉，并说明原委，请求顾客谅解，不能无把握、无根据地向顾客作讨好性承诺。

3．善用投诉处理策略

顾客投诉可以选择的场所很多，但一般情况下，饭店受理顾客投诉的主要场所在前台和餐厅。前台和餐厅是饭店直接对顾客服务的营业场所，因此，前台和餐厅的服务人员尤其需要了解投诉顾客的心理活动，掌握一些必要的投诉处理策略，妥善处理投诉。

（1）善倾听

只有切实了解顾客投诉心理与诉求目标，饭店才有可能使解决的方法对症下药。但是，顾客在投诉的时候，可能会因为面子或者情绪激动，没有明确地表达自己心中的真实想法，这要求投诉处理人员掌握倾听的策略，善于领会顾客的“弦外之音”和“言外之意”。如在倾听时，要注意顾客反复重复的话，顾客或许出于某种原因试图掩饰自己的真实想法，但却又常会在谈话中不自觉地流露出来。这种流露常常表现为反复重复某些话语。投诉处理人员还要注意顾客的建议与反问，顾客的诉求目标常会在他们建议与反问的语句中自觉或不自觉地表现出来。

（2）冷处理

顾客投诉时，往往会情绪比较激动，甚至失去理智，不利于投诉处理。因此，投诉处理人员应该想方设法先让顾客平息怒气，尽量让顾客冷静下来。要平息顾客的不满，使被激怒的顾客“转怒为喜”，可以采用“CLEAR”方案，该方案包括以下步骤：

C——Control（控制）：即控制情绪，沉着冷静，自己不能乱了分寸。

L——Listen（倾听）：即倾听顾客诉说，了解并分析投诉产生的关键环节。

E——Establish（建立）：即建立与顾客的共鸣，站在顾客的角度换位思考。

A——Apologize（致歉）：即不管错在何方，首先要对事件的发生表示道歉，但并不代表承认错在饭店方。

R——Resolve（解决）：即给出可选择的解决方案，而并非让顾客提出要求。

（3）热心肠

投诉的顾客往往是带着委屈来请求投诉处理人员主持公道，因此，投诉处理人员应该热心，对顾客表示安抚与同情，热情、友善、礼貌地接待他们。把顾客当作自己的亲人来对待，把顾客的事当作自己的事来办。当顾客看到投诉处理人员为了自己的事而奔波忙碌、满头大汗时，在心里会感到过意不去，即使最后问题没有得到圆满解决，顾客一般也会原谅饭店。

（4）快解决

投诉处理人员在处置投诉时，应牢记不要延误时间，推卸责任，各部门应团结起来，迅速找到问题所在，并马上提出处理方案，力争在最短时间里完全解决问题，给顾客一个满意的结果。快速处理投诉，会让顾客感受到饭店对自己的重视。而延误处理或推卸责任，会进一步惹恼顾客，激起更严重的矛盾。为了快速处理投诉，饭店应该配备专门的制度和人员，使各类情况处置有章可循。另外，饭店还要做好各类预防工作，使顾客投诉率降到最低。

**课堂讨论**

● 饭店的投诉可能会涉及各个部门，但是接待顾客投诉的主要是前厅与餐厅这两个部门的服务与管理人员。如果你作为前厅或餐厅的服务人员，负责接待顾客投诉，遇到涉及其他部门的问题，如何协调解决？

## 思考与练习

1. 如何理解正确处理投诉对饭店的意义？
2. 引起顾客投诉的原因有哪些？
3. 顾客投诉的心理需求表现在哪些方面？
4. 如何理解处理顾客投诉的原则？
5. 处理顾客投诉的正常程序是怎样的？
6. 处理顾客投诉的策略有哪些？

# 第六章 饭店服务人员心理建设

生活中既有希望和成功的喜悦，也有失望和挫败的痛苦。人们在成长过程中，都会经历失败和挫折。同样，饭店服务人员也不可能长期只具备积极乐观的情绪，在工作压力下也可能会产生消极的情绪。面对这种情况，饭店服务人员应该正确对待挫折、消极情绪和工作压力，并把它们转化为调动积极性和端正工作态度的动力。

## 学习目标

☆学会正确地认识心理挫折与心理疲劳。

☆学会保持良好的情绪。

☆掌握减轻压力的方法。

# 第一节　心理挫折与心理疲劳管理

## 案例学习

某五星级饭店客房部主管在检查房间时，发现1816房间的浴缸里有一根头发，洗手池台面和镜子上有几个水珠，询问后得知房间是实习生小芳打扫的。主管把小芳叫到1816房间，让她自己看，小芳没出声，拿来抹布擦了起来。待再检查时，主管说："水珠怎么还没擦干净？浴缸里还有水印。"小芳撅着嘴，拿起抹布再次擦起来。擦完之后，主管又来了，并且后边还跟着领班。主管又检查一遍说："小芳你怎么搞的？小酒吧里的酒杯有手印。连这点活都干不好！我给你们讲了多少次，你的培训课是怎么上的？如果总是这样，趁早回家！"主管的声音越来越严厉。这一次，小芳终于忍不住掉下了眼泪。小芳觉得自己已经尽了力，主管这么严厉地训斥自己，还当着领班的面，一点面子也不给，本该5点下班，结果6点多了还没下班，并且也赶不上班车了，她越想越气，伤心地哭了，觉得上班都没什么意义了，前途一片迷茫。

**点评：**

上述案例中的实习生小芳由于缺乏工作经验以及专业操作不够娴熟，在工作中遇到了被领导多次批评的挫折，由此造成心理上的不开心，觉得付出与收获不对等。如果长期不调整自己的心态，不但不能完成岗位工作，更有可能出现不堪设想的后果，给个人和企业都会带来不好的影响。因此，饭店从业人员一定要学会正确地认识挫折，保持良好的心态来为顾客提供服务。

## 一、心理挫折及应对策略

### 1．挫折的内涵

挫折是指个体在从事有目的的活动时遇到障碍或干扰，使其需要和动机不能获得满足的情绪状态。

人的需要引发动机的产生，动机一旦产生，便引导人们采取行动指向目标。在追求目标的过程中，由于受到社会文化、经济状况和当时的情境等条件的制约，人的行为并不是在任何时候都能实现目标的。当人的行为受到阻碍，达不到目标时，就容易产生挫败感。挫折对人有利有弊，如果挫折大，可能使人产生情绪波动和行为偏差，甚至引起种种疾病。饭店服务人员还会因为挫折而容易与顾客发生矛盾，直接影响服务质量。当然，挫折并非完全无益，如果人们能够从挫折中吸取教训，以正确的态度和方法对待困难，那么挫折本身反而能够增强和提高人们的心理承受力和解决问题的能力。

**2．挫折产生的原因**

挫折产生的原因是多方面的，导致饭店服务人员产生挫折感的原因归纳起来大致有客观环境因素和个体主观因素两大类。

（1）客观环境因素

客观环境因素是指阻碍人们达到目标的外界条件，它可分为自然环境因素、社会环境因素和管理因素三方面。

1）自然环境因素的影响。自然环境因素的影响包括各种非人为力量所造成的时空限制、自然灾害和各种事故，以及人世间的生老病死等。

2）社会环境因素的影响。社会环境因素的影响包括个人在社会生活实践中所遭遇到的政治、经济、法律、道德、宗教、风俗习惯等方面的障碍。如因为社会经济不景气，有的饭店服务人员遭遇裁员而下岗。

3）管理因素的影响。管理因素的影响是指由于组织管理中出现的原因使个体目标实现受到影响，具体可以表现为组织管理方式、组织内的人际关系、工作性质、工作环境、管理机制等。

（2）个体主观因素

导致挫折产生的个体主观因素，即内在原因，可以从个体生理因素与个体心理因素两方面来分析。

1）个体生理因素。它是指由个体具有的智力、容貌、身材，以及健康状况或生理缺陷所带来的限制而导致的挫折。例如，身材矮小的人想成为优秀的篮球运动员会受到限制等。

2）个体心理因素。引发挫折的心理因素更为复杂，可能由于自我评价过低，导致畏缩不前，造成挫折；可能由于自我评价水平过高，在很多事情上总是感到不满意；也可能由于某些需要或动机的冲突，使自己产生难以抉择的矛盾心理状态。例如，当一个人面临工作选择，一种工作有利于增长见识但收入低微，另一种工作收入好但不利于将来的发展，这时候，就容易形成“进退两难”的心理冲突，进而产生挫折感。

**3. 提升挫折容忍力**

挫折容忍力俗称心理承受力，是指一个人在遭遇挫折时，能够摆脱其困扰而保持适应、保护自己心理健康的能力。在生活中，人们总会遇到各种挫折，有严重的，也有轻微的，有短暂的，也有长期的。不同的人遇到挫折后的反应各不相同，有的人能向挫折挑战，百折不挠；有的人却一蹶不振，心灰意冷，情绪消沉，这反映了挫折容忍力的高低。遇到挫折后，需经过理性行为来克服挫折。

(1) 调整目标或途径再尝试

冲突与挫折往往与人们所追求的目标受阻有关。当原来的目标或愿望经过一再尝试仍不能实现时，说明目标制定不符合实际，超出了自身的能力和条件，就应当调整目标、变换方式，通过别的方法和途径去实现目标。这种替代和补偿的方式可以减轻或避免由于目标不当或难于达成所带来的焦虑和压力。例如，高考落榜的学生可以通过报考高等职业院校和接受成人教育来实现上大学的愿望。

(2) 坚持

坚持是指经过冷静、理智的分析，认为自己的目标和行为是正确的，虽然受到挫折却毫不气馁，仍然坚持到底，最终实现自己的目标。许多发明创造都是经过多次的失败，在坚持不懈下最终获得成功的。

(3) 升华

升华是指当个体遭受挫折后，将不为社会认可的动机和不良情绪转移到有意的活动中去，变压力为动力，使其上升到有益于社会的高度。“化悲痛为力量”就是感情升华的一种表现。

(4) 合理化利用

合理化利用也称为酸葡萄效应，就是指人们受到挫折以后，为了避免焦虑与痛苦，并维护自己的尊严，从而想出各种理由原谅自己，对自己的行为给予一种合理的解释，起到自我安慰的作用。

与酸葡萄效应对应的还有甜柠檬效应，例如，有的人在未能取得一等奖的时候，对自己说“三等奖也不错，还有好多人没有得奖呢”。合理化作用虽然没有从根本上解决问题，但面对不可变更的挫败结果，还是能起到缓解压力、维持心理平衡的效果，所以也不失为一种积极的心理防御方式。

**知识链接**

**挫折后的自我调节方法**

在遭受挫折之后，寻找专业心理人员进行咨询辅导是一种快速有效的方法。此外，还可以发挥自身的潜能来面对挫折。具体来说，可以采取以下的步骤来进行自我调节：

第一步，正确认识挫折，客观分析挫折产生的原因。

第二步，运用合理的心理防卫机制减轻心理压力和伤害。

第三步，调整自我的抱负水平和目标。

第四步，改善挫折情境（如暂时离开挫折情境、避免消极的自我断言、与亲朋好友交流沟通等）。

第五步，进行自我鼓励，积极寻找和尝试解决问题的途径。

## 二、心理疲劳及应对策略

**1．疲劳的含义**

所谓疲劳，是指在连续劳动一段时间以后，劳动者自感不适和劳累，从而使劳动机能减退的现象。疲劳也是人的机体为了免遭损坏而产生的一种自然的保护反应。

一般来说，可以将疲劳分为生理疲劳和心理疲劳两种。

（1）生理疲劳

工作疲劳表现在生理方面叫作生理疲劳。由于人们从事工作的性质不同，生理疲劳可以分为体力疲劳和脑力疲劳。体力疲劳是指由于肌肉持久、重复地收缩而使能量减弱，因此工作能力降低甚至消失的现象。脑力疲劳是指因用脑过度而使大脑神经活动处于抑制状态的现象。它们两者之间是相互影响、紧密相关的。极度疲劳的体力不但降低直接参与工作的运动器官的效率，而且首先影响大脑活动的工作效率。例如，大量的手工操作，不但使人手臂痉挛，而且使人昏昏欲睡。这说明极度体力疲劳使脑力活动的能力减弱或消失。同样，极度的脑力疲劳也会造成精神不集中、神志混乱、全身疲倦无力，从而影响人的感知速度和动作的准确性。

（2）心理疲劳

工作疲劳表现在心理方面叫作心理疲劳，一般是指注意力不集中、思想紧张、思维迟缓、情绪低落和行动吃力，更主要的是情绪浮躁、厌烦、忧虑、倦怠、无聊等现象。引起心理疲劳的原因较多，例如不能解决问题、优柔寡断、思虑过度、动机斗争、情绪不良、内心矛盾冲突、心烦意乱，以及随着生理疲劳而产生的紧张感、怠倦感和厌烦感，尤其是对工作提不起兴趣或因挫折而引起的精神抑郁和忧虑等。心理疲劳由于消极情绪的不良作用而影响神经活动的协调性，使反应迟钝、记忆衰退、动作准确性下降、感知灵敏度减弱、创造思维丧失、其他心理机能发生变化。由于大脑的工作能力急剧下降，人们的工作效率自然无法保证了。

**2．消除疲劳的措施**

尽管生理疲劳具有防护性作用，但人在疲劳过程中会出现注意力涣散、操作速度变慢、动作的协调性和灵活性降低、误差及损耗增多、事故频率升高等现象。这些现象无疑会降低员工的工作效率，因此，有必要对消除疲劳的措施进行探讨。

一般来说，消除疲劳常用的措施有以下四项：

（1）合理安排休息

不管劳动或生产活动怎样不同，它们都是人体机能的消耗，而人体机能的消耗不管内容和形式如何，都是人的大脑、神经、肌肉、感官等的耗费。员工在工作过程中产生疲劳，最先反映出来的是中枢神经系统的疲劳现象，因此，要消除人的疲劳，就需要适当休息。

休息是消除疲劳的重要措施。首先，休息的效果是随时间的增加而不断下降的。其次，初期疲劳通过休息可以很快恢复，过度疲劳则恢复很慢。科学家曾经做过这样一个试验：第 1 次肌肉收缩后，大约 10 秒可以恢复；连续刺激 15 次，第 15 次收缩后，需要半小时才能恢复；如果连续刺激 30 次，第 30 次收缩后，需要两小时才能恢复。因此，对休息应做恰当的安排，一般应该在开始感到疲劳时就安排休息。

总之，不论是体力疲劳还是脑力疲劳，都会影响人的身心健康，影响工作效率，因此，在劳动过程中应适当安排休息，辅以睡眠和其他积极性的休息，可使工作能力稳定在最优水平；而在极度疲劳时仍继续工作，将导致各种不良后果。

（2）改变工作条件和工作环境

改变工作条件和工作环境也能减轻单调感和厌烦感。在工作期间，适当安排工间操或休息可减少单调感，消除疲劳。对于要求持续集中注意力的工作，应当设法消除精神涣散状态，减少思想上的矛盾冲突，缓解紧张情绪。自动化程度高或无须十分集中注意力的工作，可允许员工聊天，往往会收到良好的效果。

（3）丰富工作内容

丰富工作内容是减少单调感、厌烦感，调动员工积极性的重要方法。它可以使工作成为员工的一种享受和需要，从而具有激励作用。丰富工作内容就是尽可能地使员工的工作内容丰富多彩，其重点是在工作中增加更有兴趣和更有挑战性的内容。在计划和控制工作中，给予员工更多的自主权，通过工作发展个人的成就感和创造力。工作丰富之后，能消除工作设计上的错误，员工能够马上了解到自己的工作成果，感到工作是一种学习和提高的机会。这样，工作中的单调感和厌烦感便自然会减少。

饭店员工可参与管理和制订规划，使员工的本职工作与企业联系在一起，让员工有更多机会发挥自己的聪明才智。这样做可以增强员工对工作的责任感和进取心，发挥员工的自主性和积极性。企业领导坦率地与员工研讨改进工作的办法，允许员工参与决策，有助于激励员工不断取得新的成就。

（4）进行自我心理训练

自我心理训练也叫自我心理调节，就是运用思维、情绪等心理因素的作用对自己进行良好的心理暗示，使大脑产生美好的想象，抑制大脑的紧张状况。自我心理训练有消除疲劳、强身健体、提高工效的作用。

自我心理训练的主要方法是闭目养神，思想意识集中，想象自己认为最美好的事物，想着想着就会面带笑容，产生美好、愉快的感受；或者以意领气，缓慢地调节呼吸。经过几次练习之后，可使头脑冷静，全身放松，全身的血液循环和呼吸系统的功能得到改善。运用自我心理训练之后，大脑的兴奋会自然地转入抑制，使人得到休息。

**课堂讨论**

- 针对工作中出现的各种疲劳，服务人员应该如何做才能一一消除？

## 第二节　情绪管理

**案例学习**

一对中年夫妻拎着行李缓缓走入某星级饭店，表情严肃地说：“请开一个标准间，住三天。”

“好的，您请稍等，我来查询一下空房情况”，服务员微笑着热情地说。

“请快点吧，我们很累”，丈夫一脸的不耐烦。

“好的，您们的房间在508房，两位请走这边”，服务员仍是微笑着。

当这对夫妻进入房间后不久，服务员就端着水果敲门了。

“先生、太太，您们是饭店尊贵的顾客，这是饭店免费赠送的水果，请慢用”，服务员微笑着说。

“好的，我们想先休息一会儿，如果没有叫你，请不要再来打扰我们”，顾客好像有点生气了，“砰”的一声，房门被重重地关上了。

第二天，当这对夫妻用早餐时，服务员立即走上前，微笑着打招呼：“两位早上好，能为您们效劳吗？”

“我们吃早餐时想清静一下，请不要打扰我们”。

这对夫妻的反应让饭店服务人员非常疑惑，为什么对客服务程序没有错，服务态度也很好，而且一直是严格按照饭店要求，为顾客提供微笑服务，而顾客却不领情呢？这对夫妻的态度让服务人员有些忐忑不安。

当服务人员再一次为这对夫妻收拾房间时，尽量小心翼翼，而且脸上的微笑比以前看起来更有亲和力。但那位丈夫终于受不了了：“你们饭店的服务怎么这样？只会对顾客笑，也没看到顾客心情不好，你就不能不笑吗？我真受不了你们，我要找你们经理投诉你们！”

闻讯赶来的饭店经理赶忙向顾客道歉：“对不起，先生，请您先冷静一下，有什么事好好商量。”

原来，这对夫妻刚刚参加完家人的葬礼从外地回来，住饭店就是为了换一个环境，缓解痛苦。但每次看到服务人员的微笑，心里就很不好受，最后终于忍不住发作起来。

**点评：**

以上案例中，顾客的心情比较悲伤，所以面对服务人员的微笑服务时，十分难受。饭店每天接待各种类型的顾客，顾客的情绪也会不一样，因此，服务人员要学会观察顾客的情绪变化，为顾客提供个性化服务。

## 一、情绪状态及分类

一般来说，人的一切心理活动都带有情绪色彩。情绪状态是指在一定的心理活动影响下，人在一定时间里表现出的某种情绪。根据强度、持续时间不同，情绪状态可分为心境、激情和应激。

**1．心境**

心境是一种微弱、弥散和持久的情绪，也就是心情。心境的好坏，常常是由某个具体而直接的原因造成的，它所带来的愉快或不愉快会保持较长的时段，并且把这种情绪带入工作、学习和生活中，影响人的感知、思维和记忆。例如，一位在饭店就餐的顾客由于在食物中发现虫子而产生的不愉快心境，会使顾客对酒店的其他服务产生弥散性的全盘否定。不愉快的心境让人感知和思维麻木、待人多疑，从而产生消极不安的情绪。当然，心境持续的时间可以有很大的差别，这和客观事物的重要性有关，还和人的个性有关。对同一件事，有的人可能很快就淡忘，有的人可能耿耿于怀。人的世界观、理想、信念能决定心境的基本倾向，具有重要的调节作用。

**2．激情**

激情是一种迅速强烈地爆发而时间短暂的情绪，如狂欢、暴怒、痛哭等。激情是由对人具有重大意义的强烈刺激所引起，它往往发生于当事人的意料之外。在激情状态下，通常伴随着内脏器官、腺体、外部表情等的显著变化，如狂喜大笑、仰天长叹等。人的一切心理过程和全部行动会随之产生显著变化，理解力和自制力也会显著降低。但也有不少人在激情爆发时，仍然清醒而保持镇定，因为大脑皮层在强烈的情绪中仍能起主导作用。激情有积极的激情和消极的激情两种。消极的激情常常对机体活动具有抑制的作用或引起高度冲动性的动作。积极的激情与冷静的理智和坚强的意志相联系，能激励人们克服艰险，攻克难关，成为正确行动的巨大动力。激情虽然可以使自制力有所降低，但并非全然不能自制。

**3．应激**

应激是人在出乎意料的紧张与危急状况下出现的情绪状态，是人对意外的环境刺激做出的适应性反应。在紧急状态下，如面对天灾人祸，人们迅速做出判断，在心理上处于高度紧张的应激状态是十分必要的。

应激状态对人的活动有很大的影响，积极应激反应能维持一定的紧张度，保持高度警觉，使人做出平时所不能做出的大胆判断和动作。但是，消极应激反应造成的高度紧张又会阻碍人的正常发挥，紧张和惊恐会导致正常处理事件的能力大大削弱。

应激的各种表现与个人的能力和素质有关，还同平时的训练和经验积累有关，如接受过防火训练和救生训练的人，在遇到相关突发事件时，会做出正确的判断，采取迅速而有效的措施。

## 二、饭店服务人员情绪管理方法

饭店服务工作需要服务人员与顾客直接接触与交流，因此在对客服务过程中，服务人员需要密切关注顾客的情绪情感变化，同时，服务人员自身的情绪情感状态也会影响顾客的情绪情感体验。为了给顾客创造一种良好的情绪情感体验，饭店不仅要提高服务质量与水平，还要求服务人员保持良好的情绪状态，让顾客得到物质上和精神上的双重享受。

**1．营造良好的情绪环境**

个人的情绪会受周围环境的影响，如天气会影响人的情绪，恶劣的工作环境会让人的情绪变坏，复杂的人际关系会影响一个人的工作积极性等。饭店要想让服务人员保持良好的情绪状态，首先要营造一个良好的情绪环境。

（1）要创造一个令人心情愉快的工作环境

适宜的温度、清新的空气、充足的光线、舒适干净的工作服、干净整洁的办公桌等都会让人产生良好的情绪。饭店不仅要为顾客提供优雅舒适的环境，也要充分考虑到员工的需要，尽可能为员工创造一个令人心情愉快的工作环境。

（2）要构建饭店内部和谐的人际关系

饭店服务工作需要全体服务人员密切配合，顾全大局，以工作为重，这就要求饭店管理者掌握管理的方法。饭店管理需要严格的规章制度，但在制定规章制度时，也要考虑员工的实际情况，尽量让员工感受到饭店的人性化关怀。只有在和谐的人际关系环境中，才能杜绝饭店内部小团体、小帮派的形成，同事之间在工作上互相支持、互相帮助，在生活上彼此照顾，领导关心下属，下属支持领导工作。也只有在和谐的人际关系环境中，服务人员才能保持良好的情绪。

（3）丰富员工业余生活，创建积极健康的饭店文化

饭店应该经常开展一些集体活动，让所有员工融入集体中，让每个员工都有一种强烈的归属感。根据饭店自身特色，创建积极健康的企业文化，让员工产生强烈的认同感，也有利于员工在工作中保持积极的情绪。在宽松和谐的环境中，饭店员工更容易在工作中保持轻松愉快的情绪，并把这种积极的情绪传递给顾客。

**2．保持良好的情绪状态**

愉快的、稳定的情绪是身心健康的重要条件，也是做好饭店服务工作的必要条件。抑郁的、不稳定的情绪在一定条件下可导致身体与心理的疾病，情绪抑郁的人也不可能较好地完成本职工作，不利于职业生涯发展。因此，保持良好的情绪状态不仅是做好本职工作、在职场上取得成功的前提，还是保持身心健康、防治疾病的根本。

饭店服务人员要想保持良好的情绪状态，可以从以下几个方面做起：

（1）要热爱生活、热爱工作

如今，旅游饭店业在社会发展中扮演着越来越重要的角色，从事饭店服务业，有较好的职业发展前景。因此，饭店员工应该对自己所从事的行业充满信心，培养良好的职业素养。对未来充满信心的人，往往情绪稳定，充满乐观主

义精神。富有事业心、热爱工作的人，更容易取得成功，更容易体验到满足感和成功感。这种情感有益于身心健康，即使他们在工作中遇到困难或挫折时，也会正确对待困难，积极地克服困难，而那些对工作丧失兴趣的人，整日患得患失，怨天尤人，会情绪苦闷。

（2）要学习正确处理人与人之间的关系

饭店服务人员时刻在与人打交道，而人与人之间的关系最易引起人的情绪变化。和谐的人际关系会引起满意的、愉快的情绪反应，使人心情舒畅，有利于身心健康。紧张的人际关系会引起不满意、不愉快的情绪反应，使人心情抑郁，不利于身心健康。因此，饭店服务人员作为基层员工，一方面，要处理好与顾客的关系，在对客服务中，要有良好的职业意识，明确自己所扮演的社会角色，对顾客不卑不亢、一视同仁、礼貌热情、尊重顾客；另一方面，要处理好与同事和上下级的关系，尊重体谅他人、注重诚信、不搞个人小圈子、不卷入是非漩涡。饭店服务人员处理好人际关系，不仅在生活、工作中心情舒畅，而且工作效率也高，更容易取得事业的成功。

（3）要善于控制自己的情绪

人的情绪是受意识和意志控制的。因此，饭店服务人员要学会主动控制自己的情绪，善于驾驭自己的情绪。例如，在面对态度蛮横的顾客时，一定要冷静，不要冲动，要有良好的职业意识，站在顾客的角度来考虑问题，尽可能地去体谅顾客的想法，用自己的理智让顾客平静下来。饭店服务人员在生活中也有可能遇到很多挫折，情绪苦闷，这时不妨找知心朋友谈心，倾吐心中抑郁，或改变一下环境，调整心态，不能放纵消极情绪滋长。长期抑郁将会导致情绪失调，引发疾病。

（4）要有强健的体魄

人的情绪与身体状况有密切关系，一个人身体健康，往往表现为精力充沛、心情开朗。相反，如果一个人长期疾病缠身，就会特别容易忧郁。因此，饭店服务人员要积极锻炼身体，合理安排生活，保证充足的睡眠。强健的体魄不仅是饭店服务人员从事服务工作的体力保证，也是情绪饱满与稳定的基础。

（5）要注重仪容仪表美

良好的仪容仪表是个人积极情绪的表现，也是一个人自尊自爱的体现。一个热爱生活、热爱工作的人，一定对自己的仪容仪表非常在意，也非常在意自己在别人心目中的形象。饭店服务人员在为顾客提供服务时，不仅希望顾客满意自己的服务技能，也期待顾客对自己的仪容仪表表示肯定与赞赏。因此，饭店服务人员在上岗前，要认真检查自己的仪容仪表，以美好的外在形象出现在顾客面前，这不仅给顾客赏心悦目的愉快体验，也是对自身良好情绪的一种支持。

### 3. 注意提高不良情绪调控能力

（1）紧张情绪的应对

一个竞争激烈、快节奏、高效率的社会，将不可避免地给人带来紧张情绪。紧张的外部表现为手心出汗、语无伦次、不知所措等，从科学的角度来看，人若长期、反复地处于超生理强度的紧张状态中，就容易急躁、激动、恼怒，严重者会导致大脑神经功能紊乱，有害身体健康。在饭店服务工作中，一些刚刚走上工作岗位的新员工缺少经验，面临新的环境，不可避免会产生紧张的情绪，当在工作中遇到新问题，也会产生害怕、紧张的心理。这些紧张的情绪在某些情况下能促进饭店服务人员积极地提高自己，解决问题，但长期处于紧张情绪中，就会影响正常的工作与生活。因此，饭店服务人员应学习一些方法对情绪进行控制和调整。

1）呼吸法。当人们紧张或者不安的时候，呼吸会变得急促，因为大脑需要的供氧量更多；反之，当心情舒畅或者平和的时候，呼吸也变得平顺。因此，饭店服务人员在情绪管理上，可以使用呼吸法。具体的操作是：盘腿而坐，全身放松，两手自然放在膝盖上，用鼻子吸气，嘴巴呼气，呼气时腹部紧缩，吸气时腹部鼓起。

2）运动法。运动法是一种非常有效的情绪管理方法。运动时，人的大脑会分泌内啡肽，它能让人感到快乐、愉悦，并排除掉负面情绪，使人恢复热情和积极乐观的态度。人们可以根据自己的身体情况选择跑步、步行、打羽毛球、游泳、瑜伽等运动方式。

（2）消沉情绪的应对

消沉情绪是人丧失信心后的一种情绪表现，是一个人情绪上的大幅转折。饭店服务人员开始工作时，往往充满了热情和希望，内心踌躇满志，信心百倍，但在实际工作中，往往不太如人意，如热情服务得不到顾客的回应、偶尔失误引起顾客的投诉、努力工作得不到领导的赏识、与提升的机会失之交臂等。这些都容易导致员工对工作失去信心和热情，怀疑自己的能力，导致情绪陷入消沉。消沉情绪的出现及扩散，会导致员工纪律涣散、服务质量下降，不仅影响员工个人职业生涯的发展，也会影响饭店正常的经营与管理。因此，饭店服务人员应学习一些有效控制自己紧张情绪的方法。

1）强化自信法。强化自信首先就要克服自卑的心理，积极发挥自己的长处和优势，积极获得成功并获得他人的尊重，在心理上对自己进行积极暗示。例如“我是一个在很多方面都不输别人的人”或“我是一个优秀的饭店员工，我和其他人具有同等的晋升机会”等。还可以通过一些其他方式提升自信，例如，多和自信心强的人相处，感受他们的正面情绪，通过着装、表情来增强自信，鼓励自己多在众人面前发言获取他人的认可，从而获得自信等。

2）选择性遗忘法。在应对消沉情绪时，选择性遗忘是一种不错的方法。在生活中，有一些客观事情的发生会让人感觉到“打击”“消沉”“失望”或“痛苦”。人们面对这些负面情绪，可以暂且选择遗忘，重拾向前努力的信心。

（3）愤怒情绪的应对

愤怒是一种不满情绪的外露，当人们的愿望不能实现、行动受到限制、受人侮辱、上当受骗、权利被侵犯时，都会因此而产生愤怒情绪。它的表现形式往往具有攻击性，会造成破坏性后果。无论什么原因所产生的愤怒情绪，都会影响健康。在饭店服务行业，如果面对顾客时，不能控制愤怒情绪，势必会引发严重的后果。因此，饭店服务人员应该采取积极措施，控制愤怒情绪的发生。

1）宣泄。当负面情绪累积到一定的程度，适当的宣泄是一种不错的方法。例如，可以尝试“想哭就哭出来”，也有不少的女性选择购物作为宣泄负面情绪的方法，研究表明购物后几乎所有的女性都表现出兴奋、心情舒畅的情绪。另外，也可以选择自己的社会支持系统进行“他助宣泄”，如心理医生、亲人、朋友等。当然，宣泄的方法还可以根据自己的实际情况进行选择，例如旅游等。

2）转移注意力。当人情绪激动的时候，感到沮丧和心灰意冷的时候，及时深呼吸并运用转移注意力的方式，可以把注意力转移到其他事物上，刻意降低自己对引起激动和沮丧事物的关注度。例如，可以采用散步、和朋友谈心、看书或者转移注意力的方式来降低自己的挫败感。

3）角色互换。在情绪管理中，也可以尝试使用角色互换的方法，也就是当人们感到委屈，情绪难以控制，特别是双方很有可能产生激烈争吵的时候，可以站在对方的立场思考，尝试去理解对方，从而淡化控制自己的愤怒情绪。

（4）厌倦情绪的应对

饭店从业人员在进入饭店工作后，根据个人条件被分配到服务流程的某一环节上。为了便于控制管理和服务质量，我国饭店大部分采取标准化的服务流程，并通过严格的规章制度和处罚条例确保员工按照流程的规定提供服务。面对高度重复和单一的工作内容，最初的热情很快退去，疲劳、枯燥、厌烦的情绪就会出现。这不仅影响员工个人的身心健康，不利于员工职业生涯的发展，同时严重影响饭店的服务质量，因此，饭店管理者应该找到有效的解决途径，消除员工的厌倦情绪。

通过定期轮换岗位、加强职业认知培训等方式，可以在一定程度上消除工作厌倦情绪。部门内部或部门之间的岗位调换，能使饭店员工经常处于一个新的工作环境中，既培养了“多面手”，又让员工始终保持对工作的新鲜感和热情度。通过加强职业认知培训，员工能够通过自身的学习来调整工作期望，进行角色定位，更清楚地了解自己的职业特点、工作性质，强化职业认同感。

**知识链接**

**情绪效应**

情绪效应是指一个人的情绪状态可以影响到对某一个人的评价。尤其是在第一印象形成过程中，主体的情绪状态更具有十分重要的作用，第一次接触时主体的喜怒哀乐对于与对方关系的建立或是对于对方的评价，可以产生不可思议的差异。与此同时，交往双方可以产生“情绪传染”的心理效果。主体情绪不正常，也可以引起对方不良态度的反映，并影响良好人际关系的建立。

**课堂讨论**

● 在对客服务过程中，为了建立良好的顾客关系，饭店服务人员可以通过哪些途径来激发顾客积极、乐观的情绪？

## 第三节　压力管理

**案例学习**

张先生是一家四星级饭店的前厅经理，他热爱并且出色地完成了自己的本职工作，在饭店里人缘也不错，领导也赏识。然而，在过去一年里，由于被提拔到现在的职位，他产生了一种莫名其妙的不适感，他经常感到尽管自己工作有成效，可还是不能出类拔萃，这种焦虑的情绪深深地侵入他的意识之中。他开始延长工作时间，把工作带回家，甚至常常在深夜打电话回饭店前台，关照夜班的服务人员，害怕会出什么差错，因为休息不好，精力似乎也不如以前。他感到筋疲力尽，却仍然担心第二天的工作。周围的同事鼓励他说："你很优秀，一直都是最好的，现在也一样。"但张先生却越来越担心，自己身上的压力越来越大了，自己已经干不好了，不知道能撑到什么时候，情绪也越来越沮丧，身体似乎也不如从前了，当初升职时的喜悦之情也荡然无存。

**点评：**

上述案例中，张先生由于升职，对自己产生了过高的心理期望值，给他的工作和生活带来了很大的心理压力，从而引起情绪焦虑和身体上的不适，使自己处于和疲劳和沮丧的情绪之中，因此，学会应对压力显得十分重要。

## 一、压力来源

**1．环境因素**

环境的不确定性会影响组织中员工的压力水平。如经济周期的变化使经济具有不稳定性，经济下滑时，经常出现失业人口增加、薪水下调、福利减少等现象，在此情况下，人们会为自己的经济保障而担心，从而感到无形的压力。经济周期的变化会直接影响饭店的经济效益，饭店员工对此会有直接的感受。又如新技术革新会使一个人的技术和经验在很短时间内过时，因此，科技水平的迅猛发展会威胁到很多人，使他们产生压力感。

**2．组织因素**

组织内有许多因素能引起人们的压力感，包括工作要求、角色要求、人际关系、组织结构、组织生命周期等。如时间紧、任务重会让员工感到很强的压力，工作环境的温度过热或过冷、噪声过大、照明不足、空气污染、辐射强等会使员工感到压力。又如与领导、同事、下属建立个体之间良好关系有利于个人目标的实现，如果不能处理好这些关系，就会导致压力产生。

**3．个体因素**

在同样的环境与组织中，不同个体感受到的压力水平是不同的，这与个体的差异有关，主要包括：

（1）认知水平

员工对压力的反应是基于他们对情境的认知，而不是基于情境本身。例如，在同样的工作情境中，有的员工认为它富有挑战性，能使自己提高工作效率；有的员工则认为它要求太高，会使自己产生压力。这也说明，当员工觉得他们能够控制自己的工作活动，而不是被动应付时，压力就会明显降低。

（2）态度

如果员工在生活中总是抱有积极向上的态度，那么在他遇到困难和压力时，就会想尽办法去解决问题，处理各种压力。对所从事的工作内容感兴趣，也不会感到有很大的压力。

（3）工作经验

如果一个人变换工作，来到一个新的情境中，面对情境的全新性和不确定性，他会产生压力感，但过一段时间，有了一定经验后，这种压力就会消失或大大降低。

（4）社会支持

员工与同事、领导的关系融洽，可以减轻由于工作高度紧张所带来的压力。如果员工在组织中得不到支持，那么他可以更多地参与家庭生活、朋友交往，从而得到家人和朋友的支持，也可以减轻工作压力。

**知识链接**

心理学家提出了会给人们带来明显压力感受的 9 种类型的生活变化：

1. 就任新职、就读新的学校、搬迁新居等。
2. 恋爱或失恋，结婚或离婚等。
3. 生病或身体不适等。
4. 怀孕生子，初为人父、母。
5. 更换工作或失业。
6. 进入青春期。
7. 进入更年期。
8. 亲友死亡。
9. 步入老年。

此外，家庭、工作与环境状况之间的关系，以及所从事工作的性质等，也是能造成心理压力的情境。

## 二、压力的后果

### 1. 生理反应

压力感出现初期，容易使人先产生生理反应，主要表现为新陈代谢出现紊乱，心率加快，血压升高、头痛，易发心脏病。如果这些反应成为持续性的病理性改变时，则成为生理疾病，如原发性高血压、冠心病、消化系统疾病等。

2．心理反应

压力感的心理反应主要表现为不满意、紧张、焦虑、易怒、情绪低落等。不满意感是压力感最简单、最明显的表现，心理研究表明，当工作对员工的要求很多，而且又相互冲突，或者员工的工作责任、权限及内容不明确时，员工的压力感与不满意感将增加。焦虑者一般表现为担心、害怕、无法控制和摆脱忧虑、心烦意乱等。

对于短期、平常的压力，一般人可以及时调整心态，解决问题，使心理反应减轻或消失。而长期、过重的压力则能够转变为精神衰竭，危害身心健康，影响正常的生活与工作。

3．行为反应

对压力的行为反应是指受到压力的个人在克服压力的意图方面进行的公开活动，包括问题解决、退缩和运用添加物。“问题解决”是对压力的最典型的反应。问题解决是注重现实的，以消除压力因素或减少它的影响为目标，而不是以短期内使个人感觉稍好为目的。如果不能有效消除压力因素，则会表现出灵活性和及时运用反馈，因此，一种尝试性的问题解决方案不能生效，人们就会试验另一种方法。一般来说，问题解决不仅对员工个人有利，对于饭店组织来说，也是有利的。“退缩”即避开压力因素，也是对压力的最基本反应之一。在饭店组织中，这种反应往往表现为缺勤和离职。缺勤者仅仅试图短时间内减轻压力，当他返回工作岗位时，压力仍然存在。辞职者为了避开压力，另外谋求一份压力相对比较小的工作，实际上是一种问题解决的反应。“运用添加物”是指借助外在的事物来暂时转移注意力，最常见的是吸烟、喝酒和服药，这是在压力之下做出的最不令人满意的行为反应。这些活动不能从根本上消除压力，还严重影响员工的体力和智力，使他们更难以完成自己的工作。

## 三、压力管理方法

压力不仅危害员工个人的身心健康、削弱其工作能力，而且还会降低饭店的工作绩效，影响饭店目标的实现，因此，不论是员工个人还是饭店本身，都应采取积极措施消除或控制压力的消极影响。

1．个体应对压力方法

（1）加强时间管理

很多人不善于管理自己的时间，总感到时间不够用，导致出现一定的压力感。如果他们能够合理安排时间，就能完成在既定时间内所应完成的任务。因此，学会运用时间管理的原则可以帮助人们更好地应对工作所带来的压力。

（2）增加体育锻炼

虽然压力是一种心理感受，但是人对同样压力的承受程度是因人而异的，和身体素质也有关系。饭店业是一个劳动密集型行业，劳动强度大，工作时间长，不少岗位还是三班倒，对人的生物钟也会产生影响。饭店员工应该积极参加户外活动，培养热爱体育运动的习惯，积极参与健身，注意营养补给，能够使体魄强健，从而训练自己具有较强的抗压能力。

（3）进行放松活动

通过各种放松策略，如自我调节、催眠、听音乐、看漫画、玩游戏等方法，可以减轻紧张感。进行放松活动的目标是达到深呼吸状态，使人感到平和，同时，心跳、血压及其他生理状况也会有所改善。

（4）扩大社会交际

扩大社会交际主要是要进行有效的沟通，有效的沟通是避免压力的常用方法，也是舒缓压力的有效途径。掌握良好的沟通方法，养成良好的沟通习惯，对舒缓压力很重要。

沟通是人们进行思想交流，以取得彼此的了解和信任，建立良好人际关系的一种活动，是人们达到目标、满足需要、实现抱负的重要手段之一。学会聆听、善于表达、兴趣广泛、与人为善、真诚是沟通的五项法则。寻找恰当的沟通时机一般应注意这样两种情况：选择聆听者心情比较平和的时候去反映情况或提出批评建议；和领导沟通，尤其给上司提意见时，一定要注意场合和时机。

（5）保持乐观向上的态度

面对困难和压力，要保持乐观的态度，放宽心，坚定信心，才能克服压力与困难。

（6）正确进行自我评价

通过正确进行自我评价，员工个人可以客观地分析、解决工作中的各种问题，减轻压力感。

**2．饭店应对压力方法**

饭店工作中，导致压力感的组织因素，如工作要求、人际关系、组织结构等，是由管理人员控制的。因此，通过对他们进行调整和改变，可以某种程度上减轻员工的压力感。

（1）调整组织内部关系

1）加强组织招聘与工作安排，使员工的能力与工作相匹配。

2）改善员工的工作条件。

3）重新设计工作，给员工带来更多的责任和更有意义的工作。

4）组织结构重组，以明确责、权、利。

5）加强团队建设，创造良好的工作氛围。

6）开展心理保健工作，帮助员工缓解压力。

7）组织相关活动，融洽组织人际关系。

（2）明确组织中的角色

1）提高员工参与决策的水平，以增加员工的控制感。

2）加强与员工的正式组织沟通，解决不同工作角色之间的冲突。

**课堂讨论**

● 设想一下，作为饭店服务人员，工作中哪些情况会给你最大的压力？找出适合自己减轻或消除压力的最有效办法，并列举。

## 思考与练习

1. 什么是挫折？为什么会产生挫折？
2. 什么是疲劳？怎样才能消除或减轻疲劳？
3. 在饭店服务工作中，当遇到顾客情绪激动时，应如何处理？
4. 饭店服务人员如何在日常工作中调控自身不良情绪？
5. 饭店员工的压力主要来源于哪里？
6. 压力有哪些表现？饭店员工应如何应对工作中的压力？